Vahemere köök 2023

Retseptid, mis aitavad sul elada Vahemere-stiilis elu

Katarina Salo

Sisu

Paella köögiviljadega 9

Baklažaani ja riisi pajaroog 11

Taimne kuskuss 13

Kushari 16

Bulgur tomatite ja kikerhernestega 19

Makrell Maccheroni 21

Maccheronid kirsstomatite ja anšoovistega 23

Risotto sidruni ja krevettidega 25

Spagetid rannakarpidega 27

Kreeka kalasupp 29

Venere riis krevettidega 31

Lõhe ja viin Pennette 33

Mereannid Carbonara 35

Garganelli suvikõrvitsapesto ja krevettidega 37

Lõhe risoto 40

Pasta kirsstomatite ja anšoovistega 42

Orecchiette brokkoli ja vorstiga 44

Risotto radicchio ja suitsupeekoniga 46

Biskviidi kook 48

Napoli lillkapsa pasta 50

Pasta e Fagioli apelsini ja apteegitilliga 52

Spagetid laimiga 54

Vürtsikas taimne kuskuss 56

Vürtsikas küpsetatud riis apteegitilliga 58

Maroko kuskuss kikerhernestega 60

Taimetoitlane paella roheliste ubade ja kikerhernestega 62

Küüslaugukrevetid tomati ja basiilikuga 64

Krevettide paella 66

Läätsesalat oliivide, piparmündi ja fetajuustuga 68

Kikerherned küüslaugu ja peterselliga 70

Kikerherneste kompott baklažaanide ja tomatitega 72

Sidrun Kreeka riis 74

Küüslauk ja ürdiriis 76

Vahemere riisi salat 78

Värske ubade ja tuunikala salat 80

Maitsev pasta kanaga 82

Maitske Taco riisikaussi 84

Maitsev mac ja juust 86

Kurgi oliivi riis 88

Ürdirisoto maitsed 90

Maitsev Pasta Primavera 92

Röstitud pipra pasta 94

Juust Basiilik Tomat riis 96

Tuunikala pasta 98

Panini sega avokaado ja kalkuniliha 100

Fattoush – Lähis-Ida leib 102

Gluteenivaba küüslaugu ja tomati focaccia 104

Grillitud seeneburgerid 106

Vahemere baba ganoush 108

Mitmevilja- ja gluteenivabad kuklid 110

Linguine mereandidega 112

Ingveri-tomati krevettide maitse 114

Krevetipasta 117

Pošeeritud tursk 119

Rannakarbid valges veinis 121

Lõhe tilliga 123

Sile lõhe 125

Tuunikala meloodia 126

Merejuust 127

tervislikud praed 128

Lõhe ürtidega 129

Suitsutatud glasuuritud tuunikala 130

Krõbe paltus 131

Sobiv tuunikala 132

Kuumad ja värsked kalapraed 132

O'Marine rannakarbid 134

Slow Cooker Vahemere rostbiif 135

Slow Cooker Vahemere veiseliha artišokiga 137

Slow Cooker Lahne Vahemere stiilis röst 139

Aeglase pliidi lihaleib 141

Slow Cooker Vahemere veiseliha Hoagies 143

Vahemere seapraad 145

Steak pitsa 147

Veise ja Bulguri lihapallid 150

Maitsev veiseliha ja brokkoli 152

Veiseliha ja maisi tšilli 153

Steakroog balsamico äädikaga 154

Röstitud veiseliha sojakastmega 156

Rosmariini praad Chucki praad ... 158

Sealiha kotletid ja tomatikaste ... 160

Kana kapparikastmega ... 161

Türgi burger mangosalsaga ... 163

Ürdiga röstitud kalkuni rinnatükk ... 165

Kana vorst ja paprika ... 167

Kana Piccata ... 169

Toscana kana ... 171

Kapama kanaga ... 173

Spinati ja fetajuustu täidisega kanarinnad ... 175

Rosmariiniga küpsetatud kanakintsud ... 177

Kana sibula, kartuli, viigimarja ja porgandiga ... 178

Kana güroskoop tzatzikiga ... 180

Moussaka ... 182

Seafilee Dijoni ja peente ürtidega ... 183

Steak punase veini ja seenekastmega ... 185

Kreeka lihapallid ... 188

Lambaliha roheliste ubadega ... 190

Kana tomati-balsamico kastmega ... 192

Salat pruuni riisi, fetajuustu, värskete herneste ja piparmündiga ... 194

Oliivide ja kikerhernestega täidetud täistera pita leib ... 196

Röstitud porgand kreeka pähklite ja cannellini ubadega ... 198

Maitsestatud võikana ... 200

Kahekordne juustupeekoni kana ... 202

Sidrunipipra krevetid ... 204

Paneeritud ja vürtsikas hiidlest ... 206

Lõhekarri sinepiga ... 208

Kreeka pähkli ja rosmariiniga kooritud lõhe 209

Kiired tomatispagetid 211

Küpsetatud juust tšilli ja oreganoga 213

311. Krõbe Itaalia kana 213

Paella köögiviljadega 215

Paella köögiviljadega

Valmistamisaeg: 25 minutit

Söögitegemise aeg: 45 minutit

Portsjonid: 6

Raskusaste: keskmine

Koostis:

- ¼ tassi oliiviõli
- 1 suur magus sibul
- 1 suur punane paprika
- 1 suur roheline paprika
- 3 küüslauguküünt, peeneks hakitud
- 1 tl suitsutatud paprikat
- 5 kiudu safranit
- 1 suvikõrvits, lõigatud ½ tolli kuubikuteks
- 4 suurt küpset tomatit, kooritud, puhastatud südamikust ja tükeldatud
- 1½ dl lühikeseteralist Hispaania riisi
- 3 dl köögiviljapuljongit, kuumutatud

Juhised:

Kuumuta ahi temperatuurini 350 ° F. Kuumuta oliiviõli keskmisel kuumusel. Sega juurde sibul ning punane ja roheline pipar ning küpseta 10 minutit.

Sega hulka küüslauk, paprika, safranniidid, suvikõrvits ja tomatid. Alanda kuumust keskmisele madalale ja küpseta 10 minutit.

Sega juurde riis ja köögiviljapuljong. Tõsta kuumust, et paella keeks. Keera kuumus keskmisele madalale ja küpseta 15 minutit. Mähi vorm alumiiniumfooliumi sisse ja pane ahju.

Küpseta 10 minutit või kuni puljong on imendunud.

Toitumine (100 g kohta): 288 kalorit 10 g rasva 46 g süsivesikuid 3 g valku 671 mg naatriumi

Baklažaani ja riisi pajaroog

Valmistamisaeg: 30 minutit

Söögitegemise aeg: 35 min

Portsjonid: 4

Raskusaste: raske

Koostis:

- <u>Kastme jaoks</u>
- ½ tassi oliiviõli
- 1 väike sibul, hakitud
- 4 küüslauguküünt, purustatud
- 6 küpset tomatit, kooritud ja tükeldatud
- 2 spl tomatipüreed
- 1 tl kuivatatud pune
- ¼ tl jahvatatud muskaatpähklit
- ¼ tl jahvatatud köömneid
- <u>Hautise jaoks</u>
- 4 Jaapani baklažaani (6 tolli), pikuti poolitatud
- 2 spl oliiviõli
- 1 tass keedetud riisi
- 2 spl piiniaseemneid, röstitud
- 1 tass vett

Juhised:

tee kaste

Kuumuta oliiviõli raskes kastrulis keskmisel kuumusel. Lisa sibul ja küpseta 5 minutit. Sega hulka küüslauk, tomatid, tomatipüree, pune, muskaatpähkel ja köömned. Kuumuta keemiseni, seejärel alanda kuumust ja hauta 10 minutit. Eemaldage ja asetage kõrvale.

Valmista hautis

Kuumuta grill. Kastme podisemise ajal nirista baklažaanid oliiviõliga ja aseta alusele. Grilli umbes 5 minutit kuni kuldpruunini. Eemaldage ja laske jahtuda. Seadke ahi temperatuurini 375 ° F. Asetage jahtunud baklažaan, lõikepool üleval, 9x13-tollisse ahjuvormi. Eemalda ettevaatlikult osa liha, et täidisele ruumi teha.

Sega kausis pool tomatikastmest, keedetud riis ja piiniaseemned. Täida iga baklažaanipool riisiseguga. Sega samas kausis kokku ülejäänud tomatikaste ja vesi. Vala üle baklažaaniga. Küpseta kaanega 20 minutit, kuni baklažaan on pehme.

Toitumine (100 g kohta): 453 kalorit 39 g rasva 29 g süsivesikuid 7 g valku 820 mg naatriumi

Taimne kuskuss

Valmistamisaeg: 15 minutit

Söögitegemise aeg: 45 minutit

Portsjonid: 8

Raskusaste: raske

Koostis:

- ¼ tassi oliiviõli
- 1 sibul, hakitud
- 4 küüslauguküünt, hakitud
- 2 jalapeño paprikat, mitmest kohast kahvliga läbi torgatud
- ½ tl jahvatatud köömneid
- ½ tl jahvatatud koriandrit
- 1 purk (28 untsi) purustatud tomateid
- 2 spl tomatipüreed
- 1/8 tl soola
- 2 loorberilehte
- 11 tassi vett, jagatud
- 4 porgandit
- 2 suvikõrvitsat, lõigatud 2-tollisteks tükkideks
- 1 tammetõru squash, poolitatud, südamik ja lõigatud 1 tolli paksusteks viiludeks
- 1 purk (15 untsi) kikerherneid, nõrutatud ja loputatud
- ¼ tassi hakitud suhkrustatud sidruneid (valikuline)

- 3 tassi kuskussi

Juhised:

Keeda paksupõhjalises kastrulis oliiviõli. Lisa sibul ja küpseta 4 minutit. Sega hulka küüslauk, jalapeños, köömned ja koriander. Küpseta 1 minut. Lisa tomatid, tomatipüree, sool, loorberilehed ja 8 dl vett. Kuumuta segu keemiseni.

Lisa porgand, suvikõrvits ja tammetõru ning kuumuta uuesti keemiseni. Alanda veidi kuumust, kata kaanega ja küpseta umbes 20 minutit, kuni köögiviljad on pehmed, kuid mitte pudrused. Võtke 2 tassi keeduvedelikku ja asetage kõrvale. Maitsesta vastavalt vajadusele.

Lisa kikerherned ja suhkrustatud sidrunid (kui kasutad). Keeda paar minutit ja lülita kuumus välja.

Aja ülejäänud 3 tassi vett keskmisel kastrulis kõrgel kuumusel keema. Sega hulka kuskuss, kata ja keera kuumus maha. Lase kuskussil 10 minutit puhata. Nirista üle 1 tassi reserveeritud keeduvedelikku. Aja kuskuss kahvli abil kohevaks.

Paigaldage see suurele taldrikule. Nirista peale ülejäänud keedumahl. Võta köögiviljad potist välja ja laota peale. Serveeri ülejäänud hautis eraldi kausis.

Toitumine (100 g kohta): 415 kalorit 7 g rasva 75 g süsivesikuid 9 g valku 718 mg naatriumi

Kushari

Valmistamisaeg: 25 minutit

Söögitegemise aeg: 1 tund ja 20 minutit

Portsjonid: 8

Raskusaste: raske

Koostis:

- Kastme jaoks
- 2 spl oliiviõli
- 2 küüslauguküünt, hakitud
- 1 purk (16 untsi) tomatikastet
- ¼ tassi valget äädikat
- ¼ tassi Harissat või poest ostetud
- 1/8 tl soola
- Riisi jaoks
- 1 tass oliiviõli
- 2 sibulat, õhukeselt viilutatud
- 2 dl kuivatatud pruunid läätsed
- 4 pinti pluss ½ tassi vett, jagatud
- 2 tassi lühikese tera riisi
- 1 tl soola
- 1 nael lühikese küünarnuki pasta
- 1 purk (15 untsi) kikerherneid, nõrutatud ja loputatud
-

Juhised:

Kastme valmistamiseks

Keeda oliiviõli pannil. Prae küüslauk. Sega juurde tomatikaste, äädikas, harissa ja sool. Keeda kaste. Alanda kuumust ja hauta 20 minutit või kuni kaste on paksenenud. Eemaldage ja asetage kõrvale.

Riisi valmistamiseks

Valmistage leht imava paberiga ja asetage kõrvale. Kuumuta oliiviõli suurel pannil keskmisel kuumusel. Prae sibul sageli segades krõbedaks ja kuldseks. Tõsta sibul ettevalmistatud taldrikule ja tõsta kõrvale. Säästa 2 spl toiduõli. Reserveerige praepann.

Sega läätsed ja 4 dl vett kõrgel kuumusel potis. Keeda ja küpseta 20 minutit. Kurna ja sega reserveeritud 2 spl toiduõliga. Kõrvale panema. Reserveerige pott.

Asetage pann, millega praadisite sibulaid, keskmisel kuumusel ja lisage riis, 4½ dl vett ja sool. Küpseta. Keera kuumus madalaks ja küpseta 20 minutit. Lülitage välja ja laske 10 minutit seista. Aja ülejäänud 8 tassi soolaga maitsestatud vett kõrgel kuumusel keema samas potis, mida kasutasid läätsede keetmiseks. Lisa pasta ja küpseta 6 minutit või vastavalt pakendi juhistele. Kurnata ja varuda.

Koos ehitada

Vala riis serveerimistaldrikule. Lisa sellele läätsed, kikerherned ja pasta. Nirista üle kuuma tomatikastmega ja puista peale krõbedat sibulat.

Toitumine (100 g kohta): 668 kalorit 13 g rasva 113 g süsivesikuid 18 g valku 481 mg naatriumi

Bulgur tomatite ja kikerhernestega

Valmistamisaeg: 10 minutit

Söögitegemise aeg: 35 min

Portsjonid: 6

Raskusaste: keskmine

Koostis:

- ½ tassi oliiviõli
- 1 sibul, hakitud
- 6 kuubikuteks lõigatud tomatit või 1 16-unts kuubikuteks lõigatud tomatit
- 2 spl tomatipüreed
- 2 tassi vett
- 1 spl Harissa või poest ostetud
- 1/8 tl soola
- 2 dl jämedat bulgurit
- 1 purk (15 untsi) kikerherneid, nõrutatud ja loputatud

Juhised:

Kuumuta oliiviõli raskes kastrulis keskmisel kuumusel. Pruunista sibul ja lisa seejärel tomatid koos mahlaga ning küpseta 5 minutit.

Sega hulka tomatipüree, vesi, harissa ja sool. Küpseta.

Sega juurde bulgur ja kikerherned. Kuumuta segu keemiseni. Alandage kuumust madalaks ja keetke 15 minutit. Enne serveerimist lase 15 minutit seista.

Toitumine (100 g kohta):413 kalorit 19 g rasva 55 g süsivesikuid 14 g valku 728 mg naatriumi

Makrell Maccheroni

Valmistamisaeg: 10 minutit

Söögitegemise aeg: 15 minutit

Portsjonid: 4

Raskusaste: lihtne

Koostis:

- 12 untsi makaronid
- 1 küüslauguküünt
- Tomatikaste 14 untsi
- 1 oksake hakitud petersell
- 2 värsket paprikat
- 1 tl soola
- 7 untsi makrell õlis
- 3 spl ekstra neitsioliiviõli

Juhised:

Alustage vee keetmisega kastrulis. Kui vesi soojeneb, võtke kastrul, valage veidi õli ja küüslauku ning keetke madalal kuumusel. Kui küüslauk on keedetud, eemaldage see pannilt.

Avage pipar, eemaldage sisemised seemned ja lõigake see õhukesteks ribadeks.

Lisa keev vesi ja tšilli samale pannile nagu enne. Seejärel võtke makrell ja pärast õli kurnamist ja kahvliga eraldamist pange see koos teiste koostisosadega pannile. Pruunista veidi, lisades veidi keeva vett.

Kui kõik koostisosad on hästi segunenud, lisa pannile tomatipüree. Sega hästi, et kõik koostisosad ühtlustaksid, ja keeda tasasel tulel umbes 3 minutit.

Pasta jaoks:

Kui vesi hakkab keema, lisa sool ja pasta. Nõruta maccheronid, kui need on veidi al dente, ja lisa need enda valmistatud kastmele.

Pruunista kastmes veidi aega ning maitsesta soola ja pipraga.

Toitumine (100 g kohta): 510 kalorit 15,4 g rasva 70 g süsivesikuid 22,9 g valku 730 mg naatriumi

Maccheronid kirsstomatite ja anšoovistega

Valmistamisaeg: 10 minutit

Söögitegemise aeg: 15 minutit

Portsjonid: 4

Raskusaste: lihtne

Koostis:

- Maccheroni pasta 14 untsi
- 6 soolatud anšoovist
- 4 untsi kirsstomateid
- 1 küüslauguküünt
- 3 spl ekstra neitsioliiviõli
- Värske paprika maitse järgi
- 3 basiiliku lehte
- Soola maitse järgi

Juhised:

Alustuseks soojendage vett kastrulis ja lisage soola, kui see keeb. Vahepeal valmista kaste: Võta tomatid peale pesemist ja lõika 4 tükiks.

Nüüd võta mittenakkuva pann, piserda veidi õli ja viska sinna küüslauguküüs. Kui see on keedetud, eemaldage see pannilt. Lisa pannile puhtad anšoovised, sulata need õlis.

Kui anšoovised on hästi lahustunud, lisa tükeldatud tomatitükid ja tõsta kuumust kõrgele, kuni need pehmenema hakkavad (ettevaatust, et liiga pehmeks ei läheks).

Lisa seemneteta terav pipar, lõika väikesteks tükkideks ja maitsesta.

Tõsta pasta keeva vee pannile, nõruta al dente ja lase veidi aega pannil tõmmata.

Toitumine (100 g kohta): 476 kalorit 11 g rasva 81,4 g süsivesikuid 12,9 g valku 763 mg naatriumi

Risotto sidruni ja krevettidega

Valmistamisaeg: 10 minutit

Söögitegemise aeg: 30 minutit

Portsjonid: 4

Raskusaste: lihtne

Koostis:

- 1 sidrun
- 14 untsi kooritud krevette
- 1 ¾ tassi risoto riisi
- 1 valge sibul
- 33 fl. 1 liiter (unts) köögiviljapuljongit (ka vähem sobib)
- 2 ½ spl võid
- ½ klaasi valget veini
- Soola maitse järgi
- Must pipar maitse järgi
- Murulauk maitse järgi

Juhised:

Alusta krevettide keetmisest soolaga maitsestatud vees 3-4 minutit, nõruta ja tõsta kõrvale.

Koori ja haki sibul peeneks, prae sulavõiga läbi ja kui või on kuivanud, rösti pannil riisi paar minutit.

Deglaseerige riis poole klaasi valge veiniga ja lisage seejärel 1 sidruni mahl. Segage ja lõpetage riisi keetmine, jätkates vajadusel lusikatäie köögiviljapuljongi lisamist.

Sega korralikult läbi ning lisa mõni minut enne keetmise lõppu eelnevalt keedetud krevetid (jäta osa kaunistuseks kõrvale) ja veidi musta pipart.

Kui kuumus on maha võetud, lisa tilk võid ja sega läbi. Risotto on serveerimiseks valmis. Kaunista ülejäänud krevettidega ja puista peale murulauku.

Toitumine (100 g kohta): 510 kalorit 10 g rasva 82,4 g süsivesikuid 20,6 g valku 875 mg naatriumi

Spagetid rannakarpidega

Valmistamisaeg: 10 minutit

Söögitegemise aeg: 40 min

Portsjonid: 4

Raskusaste: lihtne

Koostis:

- 11,5 untsi spagette
- 2 naela karbid
- 7 untsi tomatikastet või tomatipastat selle roa punase versiooni jaoks
- 2 küüslauguküünt
- 4 spl ekstra neitsioliiviõli
- 1 klaas kuiva valget veini
- 1 supilusikatäis peeneks hakitud peterselli
- 1 tšilli

Juhised:

Alustage rannakarpide pesemisest: ärge kunagi "puhasta" rannakarpe, neid tuleks avada vaid kuumuse toel, muidu läheb koos liivaga kaotsi nende hinnaline sisemine vedelik. Peske rannakarbid kiiresti kaussi asetatud kurniga: see filtreerib liiva karpidele.

Seejärel aseta nõrutatud rannakarbid kohe kõrgele kuumusele kaanega kastrulisse. Pöörake neid aeg-ajalt ja kui need on peaaegu kõik lahti, eemaldage need tulelt. Suletuks jäänud karbid on surnud ja need tuleb ära visata. Eemaldage molluskid lahtistest, jättes mõned terved roogade kaunistamiseks. Kurna panni põhja jäänud vedelik ära ja tõsta kõrvale.

Võtke suur pann ja valage sinna veidi õli. Kuumuta tervet paprikat ja ühte või kahte pressitud küüslauguküünt väga tasasel tulel, kuni nelk muutub kollakaks. Lisa rannakarbid ja maitsesta kuiva valge veiniga.

Nüüd lisa eelnevalt kurnatud rannakarbivedelik ja veidi peeneks hakitud peterselli.

Nõruta ja viska spagetid kohe pannile al dente pärast rohkes soolaga maitsestatud vees keetmist. Sega hästi, kuni spagetid imavad rannakarpidelt kogu vedeliku. Kui sa tšillit ei kasutanud, lisa näpuotsatäis valget või musta pipart.

Toitumine (100 g kohta): 167 kalorit 8 g rasva 8,63 g süsivesikuid 5 g valku 720 mg naatriumi

Kreeka kalasupp

Valmistamisaeg: 10 minutit

Söögitegemise aeg: 60 minutit

Portsjonid: 4

Raskusaste: lihtne

Koostis:

- merluus või muu valge kala
- 4 kartulit
- 4 kevadsibulat
- 2 porgandit
- 2 sellerivart
- 2 tomatit
- 4 spl ekstra neitsioliiviõli
- 2 muna
- 1 sidrun
- 1 tass riisi
- Soola maitse järgi

Juhised:

Valige kala, mis ei ületa 2,2 naela, eemaldage selle soomused, lõpused ja sisikonnad ning peske seda hästi. Soola ja pane kõrvale.

Peske kartulid, porgandid ja sibulad ning asetage need tervelt pannile, kus on piisavalt vett, et neid leotada, seejärel laske keema tõusta.

Lisa veel kimpudesse seotud seller, et see küpsemise ajal laiali ei läheks, lõika tomatid neljaks ja lisa ka need koos õli ja soolaga.

Kui köögiviljad on peaaegu küpsed, lisa veel vett ja kala. Keeda 20 minutit ja seejärel eemalda see koos köögiviljadega puljongist.

Tõsta kala serveerimisnõusse, kaunista köögiviljadega ja kurna puljong ära. Tõsta puljong tagasi tulele, lahjenda vähese veega. Kui see keeb, lisa riis ja maitsesta soolaga. Kui riis on keedetud, eemaldage pann tulelt.

Valmista avgolemono kaste:

Klopi munad korralikult lahti ja lisa aeglaselt sidrunimahl. Vala vahukulbi veidi puljongit ja vala pidevalt segades aeglaselt munade hulka.

Viimasena lisa saadud kaste supile ja sega korralikult läbi.

Toitumine (100 g kohta): 263 kalorit 17,1 g rasva 18,6 g süsivesikuid 9 g valku 823 mg naatriumi

Venere riis krevettidega

Valmistamisaeg: 10 minutit

Söögitegemise aeg: 55 min

Portsjonid: 3

Raskusaste: lihtne

Koostis:

- 1 ½ dl musta riisi (parim kui eelkeedetud)
- 5 tl ekstra neitsioliiviõli
- 10,5 untsi krevette
- 10,5 untsi suvikõrvitsat
- 1 sidrun (mahl ja koor)
- Lauasool maitse järgi
- Must pipar maitse järgi
- 1 küüslauguküünt
- Tabasco maitse järgi

Juhised:

Alustame riisiga:

Pärast poti rohke veega täitmist ja keema laskmist vala sinna riis, sool ja keeda vajalik aeg (vaata pakendilt valmimisjuhendit).

Vahepeal riivi suvikõrvits jämeda riiviga. Kuumuta pannil oliiviõli koos kooritud küüslauguküünega, lisa riivitud suvikõrvits, sool ja pipar ning küpseta 5 minutit, eemalda küüslauguküüs ja reserveeri köögiviljad.

Nüüd puhastage krevetid:

Eemaldage kest, lõigake saba ära, lõigake need pikuti pooleks ja eemaldage sisikond (must nöör taga). Aseta puhastatud krevetid kaussi ja maitsesta oliiviõliga; andke sellele veidi rohkem maitset, lisades sidrunikoort, soola ja pipart ning soovi korral lisage paar tilka Tabascot.

Kuumuta krevette kuumal praepannil mõni minut. Kui see on keedetud, asetage see kõrvale.

Kui Venere riis on valmis, vala see kaussi, lisa suvikõrvitsasegu ja sega läbi.

Toitumine (100 g kohta): 293 kalorit 5 g rasva 52 g süsivesikuid 10 g valku 655 mg naatriumi

Lõhe ja viin Pennette

Valmistamisaeg: 10 minutit

Söögitegemise aeg: 18 min

Portsjonid: 4

Raskusaste: lihtne

Koostis:

- Pennette Rigate 14 untsi
- 7 untsi suitsulõhet
- 1,2 untsi šalottsibulat
- 1,35 fl. oz (40 ml) viin
- 5 untsi kirsstomateid
- 7 untsi koort (kergema roa jaoks soovitan köögivilju)
- Murulauk maitse järgi
- 3 spl ekstra neitsioliiviõli
- Soola maitse järgi
- Must pipar maitse järgi
- Basiilik maitse järgi (kaunistuseks)

Juhised:

Pese ja tükelda tomatid ja murulauk. Pärast šalottsibulate koorimist tükelda need noaga, pane kastrulisse ja lase veidi aega extra virgin oliiviõlis marineerida.

Vahepeal lõika lõhe ribadeks ning prae õlis ja šalottsibul läbi.

Sega kõik viinaga ettevaatlikult, kuna võib tekkida leek (kui leek peaks süttima, siis ära muretse, see vaibub kohe, kui alkohol on täielikult aurustunud). Lisa purustatud tomatid ning näpuotsaga soola ja soovi korral veidi pipart. Viimasena lisa koor ja hakitud murulauk.

Kuni kaste keeb, valmista pasta. Niipea, kui vesi keeb, lisage pennette ja laske neil keeda, kuni need on al dente.

Nõruta pasta ja vala pennettid kastmesse, lase neil veidi küpseda, et nad kogu maitse endasse tõmbaksid. Soovi korral kaunista basiilikulehega.

Toitumine (100 g kohta): 620 kalorit 21,9 g rasva 81,7 g süsivesikuid 24 g valku 326 mg naatriumi

Mereannid Carbonara

Valmistamisaeg: 15 minutit

Söögitegemise aeg: 50 min

Portsjonid: 3

Raskusaste: lihtne

Koostis:

- 11,5 untsi spagette
- 3,5 untsi tuunikala
- 3,5 untsi mõõkkala
- 3,5 untsi lõhet
- 6 munakollast
- 4 supilusikatäit parmesani juustu (Parmigiano Reggiano)
- 2 fl. 60 ml valget veini
- 1 küüslauguküünt
- Ekstra neitsioliiviõli maitse järgi
- Lauasool maitse järgi
- Must pipar maitse järgi

Juhised:

Valmistage kastrulis keev vesi ja lisage veidi soola.

Vahepeal pane kaussi 6 munakollast ning lisa riivitud parmesan, pipar ja sool. Klopi vispliga läbi ja lahjenda pannilt vähese keeva veega.

Eemalda lõhelt luud, mõõkkalal soomused ning jätka tuunikala, lõhe ja mõõkkala kuubikuteks tükeldamisega.

Kui see keeb, lisa pasta ja keeda veidi al dente.

Samal ajal kuumuta suurel pannil veidi õli, lisa terve kooritud küüslauguküüs. Kui õli on kuum, lisa kalakuubikud ja prae kõrgel kuumusel umbes 1 minut. Eemalda küüslauk ja lisa valge vein.

Kui alkohol on aurustunud, võta kalakuubikud välja ja alanda kuumust. Kohe kui spagetid on valmis, lisa see pannile ja prae pidevalt segades ja vajadusel keeduvett lisades umbes minut.

Vala hulka munakollasesegu ja kalakuubikud. Sega hästi. Serveerima.

Toitumine (100 g kohta): 375 kalorit 17 g rasva 41,40 g süsivesikuid 14 g valku 755 mg naatriumi

Garganelli suvikõrvitsapesto ja krevettidega

Valmistamisaeg: 10 minutit

Söögitegemise aeg: 30 minutit

Portsjonid: 4

Raskusaste: keskmine

Koostis:

- 14 untsi munapõhine Garganelli
- Suvikõrvitsa pesto jaoks:
- 7 untsi suvikõrvitsat
- 1 dl piiniaseemneid
- 8 supilusikatäit (0,35 untsi) basiilikut
- 1 tl lauasoola
- 9 spl ekstra neitsioliiviõli
- 2 spl riivitud parmesani juustu
- 1 unts pecorinot riivimiseks
- Praetud krevettide jaoks:
- 8,8 untsi krevette
- 1 küüslauguküünt
- 7 tl ekstra neitsioliiviõli
- Näputäis soola

Juhised:

Alustage pesto valmistamisega:

Pärast suvikõrvitsa pesemist riivi need, pane kurni (et veidi üleliigne vedelik välja voolaks) ja soola kergelt. Lisa blenderisse piiniaseemned, suvikõrvits ja basiilikulehed. Lisa riivitud parmesan, pecorino ja ekstra neitsioliiviõli.

Sega kõike, kuni segu on kreemjas, lisa näpuotsaga soola ja tõsta kõrvale.

Lülitu krevettidele:

Esmalt eemaldage sool, lõigake krevettide tagakülg noaga kogu pikkuses läbi ja eemaldage noaotsaga sees olev must niit.

Küpseta küüslauguküünt mittenakkuval pannil ekstra neitsioliiviõliga. Kui see on kuldne, eemalda küüslauk ja lisa krevetid. Prae neid umbes 5 minutit keskmisel kuumusel, kuni väljastpoolt tekib krõbe koorik.

Seejärel keetke pannil soolaga maitsestatud vesi ja keetke Garganelli. Varu paar supilusikatäit keeduvett ja nõruta pasta al dente.

Asetage Garganelli pannile, kus küpsetasite krevette. Keeda minut, lisa lusikatäis keeduvett ja lõpuks lisa suvikõrvitsa pesto.

Sega kõik korralikult läbi, et pasta ja kastme seguneksid.

Toitumine (100 g kohta): 776 kalorit 46 g rasva 68 g süsivesikuid 22,5 g valku 835 mg naatriumi

Lõhe risoto

Valmistamisaeg: 10 minutit

Söögitegemise aeg: 30 minutit

Portsjonid: 4

Raskusaste: keskmine

Koostis:

- 1 ¾ tassi (12,3 untsi) riisi
- 8,8 untsi lõhekotletid
- 1 porrulauk
- Ekstra neitsioliiviõli maitse järgi
- 1 küüslauguküünt
- ½ klaasi valget veini
- 3 ½ supilusikatäit riivitud Grana Padanot
- soola maitse järgi
- Must pipar maitse järgi
- 17 fl. 500 ml kalapuljongit
- 1 tass võid

Juhised:

Alustuseks puhastage lõhe ja lõigake see väikesteks tükkideks. Keeda 1 spl õli pannil koos terve küüslauguküünega ja prae lõhet 2/3 minutit, soola ja säilita lõhe, eemalda küüslauk.

Nüüd alustage risoto valmistamist:

Lõika porru väga väikesteks tükkideks ja hauta pannil tasasel tulel kahe supilusikatäie õliga. Lisa riis ja küpseta paar sekundit keskmisel kuumusel puulusikaga segades.

Lisage valge vein ja jätkake küpsetamist, aeg-ajalt segades, püüdes mitte lasta riisil pannile kinni jääda, ja lisage järk-järgult puljong (köögiviljad või kala).

Poole küpsetamise ajal lisa lõhe, vajadusel või ja näpuotsaga soola. Kui riis on hästi keedetud, eemaldage see tulelt. Sega mõne supilusikatäie riivitud Grana Padanoga ja serveeri.

Toitumine (100 g kohta): 521 kalorit 13 g rasva 82 g süsivesikuid 19 g valku 839 mg naatriumi

Pasta kirsstomatite ja anšoovistega

Valmistamisaeg: 15 minutit

Söögitegemise aeg: 35 min

Portsjonid: 4

Raskusaste: lihtne

Koostis:

- 10,5 untsi spagette
- 1,3 naela kirsstomatid
- 9 untsi anšoovist (eelpuhastatud)
- 2 spl kapparit
- 1 küüslauguküünt
- 1 väike punane sibul
- Petersell maitse järgi
- Ekstra neitsioliiviõli maitse järgi
- Lauasool maitse järgi
- Must pipar maitse järgi
- Mustad oliivid maitse järgi

Juhised:

Lõika küüslauguküünt õhukesteks viiludeks.

Tükelda kirsstomatid 2. Koori sibul ja haki peeneks.

Pane pannile veidi õli koos hakitud küüslaugu ja sibulaga. Kuumuta keskmisel kuumusel 5 minutit; Sega aeg-ajalt.

Kui kõik on lõhnav, lisa kirsstomatid ning näputäis soola ja pipart. Küpseta 15 minutit. Vahepeal pane pann vett tulele ja niipea, kui see keeb, lisa sool ja pasta.

Kui kaste on peaaegu valmis, lisa anšoovised ja keeda paar minutit. Sega õrnalt.

Keera kuumus maha, haki petersell ja pane pannile.

Pärast keetmist kurna pasta ja lisa otse kastmele. Lülitage kuumus mõneks sekundiks uuesti sisse.

Toitumine (100 g kohta): 446 kalorit 10 g rasva 66,1 g süsivesikuid 22,8 g valku 934 mg naatriumi

Orecchiette brokkoli ja vorstiga

Valmistamisaeg: 10 minutit

Söögitegemise aeg: 32 min

Portsjonid: 4

Raskusaste: keskmine

Koostis:

- Orecchiette 11,5 untsi
- 10,5 brokkoli
- 10,5 untsi vorsti
- 1,35 fl. 40 ml valget veini
- 1 küüslauguküünt
- 2 tüümianioksa
- 7 tl ekstra neitsioliiviõli
- Must pipar maitse järgi
- Lauasool maitse järgi

Juhised:

Keeda pott vett ja soola täis. Eemaldage brokoli õisikud varre küljest ja lõigake need pooleks või neljaks, kui need on liiga suured; seejärel pane need keevasse vette ja kata pann kaanega ning küpseta 6-7 minutit.

Vahepeal haki tüümian peeneks ja tõsta kõrvale. Eemaldage vorstilt nahk ja püreestage see õrnalt kahvliga.

Pruunista küüslauguküünt vähese oliiviõliga ja lisa vorst. Mõne sekundi pärast lisa tüümian ja veidi valget veini.

Keeduvett välja viskamata eemaldage keedetud spargelkapsas lusikaga ja lisage neid vähehaaval lihale. Keeda kõike 3-4 minutit. Eemalda küüslauk ja lisa näpuotsatäis musta pipart.

Aja vesi, milles brokolit keetsid, seejärel lisa pasta ja kuumuta keemiseni. Kui pasta on keedetud, kurna see lusikaga ja tõsta otse brokoli-vorstikastmesse. Seejärel sega korralikult läbi, lisa musta pipart ja prae kõike pannil paar minutit.

Toitumine (100 g kohta): 683 kalorit 36 g rasva 69,6 g süsivesikuid 20 g valku 733 mg naatriumi

Risotto radicchio ja suitsupeekoniga

Valmistamisaeg: 10 minutit

Söögitegemise aeg: 30 minutit

Portsjonid: 3

Raskusaste: keskmine

Koostis:

- 1½ tassi riisi
- 14 untsi Radicchio
- 5,3 untsi suitsupeekonit
- 34 fl. oz (1 l) köögiviljapuljong
- 3,4 fl. 100 ml punast veini
- 7 tl ekstra neitsioliiviõli
- 1,7 untsi šalottsibulat
- Lauasool maitse järgi
- Must pipar maitse järgi
- 3 oksakest tüümiani

Juhised:

Alustame köögiviljapuljongi valmistamisega.

Alusta radicchioga: lõika see pooleks ja eemalda keskosa (valge osa). Lõika see ribadeks, loputa hästi ja tõsta kõrvale. Lõika ka suitsupeekon õhukesteks ribadeks.

Haki šalottsibul peeneks ja pane vähese õliga kastrulisse. Kuumuta keskmisel kuumusel keema, lisa kulbitäis puljongit, seejärel lisa peekonitükid ja lase pruunistuda.

Umbes 2 minuti pärast lisage riis ja röstige seda sageli segades. Nüüd vala punane vein kõrgele tulele.

Kui kogu alkohol on aurustunud, jätkake keetmist, lisades vahukulbiga puljongit. Enne teise lisamist laske eelmisel kuivada, kuni see on täielikult läbi küpsenud. Lisa soola ja musta pipart (oleneb, kui palju otsustad lisada).

Küpsetamise lõpus lisa radicchio viilud. Sega neid hästi, kuni need on riisiga segunenud, kuid ära küpseta neid. Lisa hakitud tüümian.

Toitumine (100 g kohta): 482 kalorit 17,5 g rasva 68,1 g süsivesikuid 13 g valku 725 mg naatriumi

Biskviidi kook

Valmistamisaeg: 10 minutit

Söögitegemise aeg: 25 minutit

Portsjonid: 3

Raskusaste: keskmine

Koostis:

- 11,5 untsi Ziti
- 1 nael veiseliha
- 2,2 naela kuldset sibulat
- 2 untsi sellerit
- 2 untsi porgandit
- 1 hunnik peterselli
- 3,4 fl. 100 ml valget veini
- Ekstra neitsioliiviõli maitse järgi
- Lauasool maitse järgi
- Must pipar maitse järgi
- Parmesan maitse järgi

Juhised:

Pasta valmistamiseks alustage:

Koori ja haki peeneks sibul ja porgand. Seejärel pese ja haki seller peeneks (ära viska ära lehti, mis tuleks samuti tükeldada ja kõrvale panna). Seejärel liikuge liha juurde, puhastage see liigsest rasvast ja lõigake 5/6 suurteks tükkideks. Lõpuks siduge selleri- ja petersellioksad kööginööriga kokku, et luua lõhnav bukett.

Vala suurde kastrulisse ohtralt õli. Lisa sibul, seller ja porgand (mille eelnevalt kõrvale panid) ning lase paar minutit küpseda.

Seejärel lisa lihatükid, näpuotsaga soola ja lõhnabukett. Sega ja küpseta paar minutit. Seejärel alanda kuumust ja kata kaanega.

Küpseta vähemalt 3 tundi (ärge lisage vett ega puljongit, sest sibul laseb välja kogu vajaliku vedeliku, et panni põhi ära ei kuivaks). Aeg-ajalt kontrollige kõike ja segage.

Pärast 3-tunnist keetmist eemaldage ürdikimp, suurendage veidi kuumust, lisage osa veinist ja segage.

Küpseta liha kaaneta umbes tund aega, sega sageli ja lisa veini siis, kui panni põhi on kuivanud.

Sel hetkel võta tükk liha, lõika see lõikelaual viiludeks ja tõsta kõrvale. Tükelda ziti ja keeda soolaga maitsestatud keevas vees.

Kui see on küpsenud, kurna see ja pane tagasi pannile. Valage paar supilusikatäit keeva veega ja segage. Aseta taldrikule ja lisa kastet ja murendatud liha (7. sammus reserveeritud kraam). Lisa maitse järgi pipart ja riivitud parmesani.

Toitumine (100 g kohta): 450 kalorit 8 g rasva 80 g süsivesikuid 14,5 g valku 816 mg naatriumi

Napoli lillkapsa pasta

Valmistamisaeg: 15 minutit

Söögitegemise aeg: 35 min

Portsjonid: 3

Raskusaste: keskmine

Koostis:

- 10,5 untsi pasta
- 1 lillkapsas
- 3,4 fl. 100 ml tomatipüreed
- 1 küüslauguküünt
- 1 tšilli
- 3 supilusikatäit ekstra neitsioliiviõli (või teelusikatäit)
- Soola maitse järgi
- Pipar maitse järgi

Juhised:

Puhasta lillkapsas hoolikalt: eemalda välimised lehed ja vars. Lõika see väikesteks kimpudeks.

Koori küüslauguküüs, tükelda ja pruunista pannil koos õli ja tšilliga.

Lisa tomatipüree ja lillkapsa õisikud ning lase paar minutit keskmisel kuumusel pruunistuda, seejärel kata mõne kulbitäie veega ja keeda 15-20 minutit või vähemalt seni, kuni kapsas on pehme ja õisikud hakkavad kreemjaks muutuma.

Kui leiate, et panni põhi on liiga kuiv, lisa nii palju vett kui vaja, et segu jääks vedel.

Nüüd katke lillkapsas kuuma veega ja lisage pasta, kui see on keenud.

Maitsesta soola ja pipraga.

Toitumine (100 g kohta): 458 kalorit 18 g rasva 65 g süsivesikuid 9 g valku 746 mg naatriumi

Pasta e Fagioli apelsini ja apteegitilliga

Valmistamisaeg: 10 minutit

Söögitegemise aeg: 30 minutit

Portsjonid: 5

Raskusaste: raskusaste

Koostis:

- Ekstra neitsioliiviõli - 1 spl. pluss lisatasu teenuse eest
- Pancetta - 2 untsi, peeneks hakitud
- Sibul - 1, peeneks hakitud
- Apteegitill – 1 sibul, varred eemaldatud, sibul poolitatud, südamik puhastatud ja peeneks hakitud
- Seller - 1 ribi, peeneks hakitud
- Küüslauk - 2 nelki, hakitud
- Anšoovisefileed – 3, loputatud ja tükeldatud
- Tükeldatud värske pune - 1 spl.
- Riivitud apelsinikoor - 2 spl.
- Apteegitilli seemned - ½ tl.
- Punase pipra helbed - ¼ tl.
- Kuubikuteks lõigatud tomatid – 1 (28 untsi) purk
- Parmesani juust - 1 koorik, pluss veel serveerimiseks
- Cannellini oad – 1 7-untsi purk, loputatud
- Kana puljong - 2 ½ tassi
- Vesi - 2 ½ tassi
- Sool ja pipar

- Orzo - 1 tass
- Hakitud värske petersell - ¼ tassi

Juhised:

Kuumutage õli Hollandi ahjus keskmisel kuumusel. Lisage pancetta. Prae 3 kuni 5 minutit või kuni see hakkab värvuma. Sega hulka seller, apteegitill ja sibul ning prae pehmeks (umbes 5-7 minutit).

Sega hulka tšillihelbed, apteegitilli seemned, apelsinikoor, pune, anšoovised ja küüslauk. Küpseta 1 minut. Lisa tomatid ja nende mahl. Sega hulka parmesani koor ja oad.

Hauta ja küpseta 10 minutit. Sega juurde vesi, puljong ja 1 spl. soola. Kuumuta kõrgel kuumusel keema. Sega hulka pasta ja küpseta al dente.

Eemaldage tulelt ja visake parmesani koor ära.

Sega juurde petersell ning maitsesta soola ja pipraga. Vala peale veidi oliiviõli ja puista peale riivitud parmesan. Serveerima.

Toitumine (100 g kohta): 502 kalorit 8,8 g rasva 72,2 g süsivesikuid 34,9 g valku 693 mg naatriumi

Spagetid laimiga

Valmistamisaeg: 10 minutit

Söögitegemise aeg: 15 minutit

Portsjonid: 6

Raskusaste: lihtne

Koostis:

- Ekstra neitsioliiviõli - ½ tassi
- Riivitud sidrunikoor - 2 spl.
- Sidrunimahl - 1/3 tassi
- Küüslauk - 1 nelk, hakitud pastaks
- Sool ja pipar
- Parmesani juust - 2 untsi, riivitud
- Spagetid - 1 nael
- Riivitud värske basiilik - 6 spl.

Juhised:

Vispelda kausis küüslauk, õli, sidrunikoor, mahl, ½ tl. soola ja c. pipart. Sega juurde parmesan ja sega, kuni see muutub kreemjaks.

Samal ajal keeda pasta vastavalt pakendi juhistele. Nõruta ja säästa ½ dl keeduvett. Lisa pastale õli ja basiiliku segu ning sega omavahel. Maitsesta korralikult ja lisa vajadusel keeduvett. Serveerima.

Toitumine (100 g kohta): 398 kalorit 20,7 g rasva 42,5 g süsivesikuid 11,9 g valku 844 mg naatriumi

Vürtsikas taimne kuskuss

Valmistamisaeg: 10 minutit

Söögitegemise aeg: 20 minutit

Portsjonid: 6

Raskusaste: raske

Koostis:

- Lillkapsas - 1 pea, lõigatud 1-tollisteks õisikuteks
- Ekstra neitsioliiviõli - 6 spl. pluss lisatasu teenuse eest
- Sool ja pipar
- Kuskuss - 1 ½ tassi
- Suvikõrvits - 1, lõigatud ½ tolli tükkideks
- Punane paprika – 1, raputatakse, puhastatakse südamikust ja lõigatakse ½ tolli tükkideks
- Küüslauk - 4 nelki, hakitud
- Ras el hanout - 2 spl.
- Riivitud sidrunikoor - 1 spl. lisaks sidruniviilud serveerimiseks
- Kana puljong - 1 ¾ tassi
- Tükeldatud värske majoraan - 1 spl.

Juhised:

Kuumuta pannil 2 spl. õli keskmisel kuumusel. Lisa lillkapsas, ¾ tl. soola ja ½ tl. pipar. Segada. Küpseta, kuni õisikud on pruunid ja servad on lihtsalt läbipaistvad.

Eemaldage kaas ja küpseta segades 10 minutit või kuni õisikud on kuldpruunid. Tõsta kaussi ja puhasta pann. Kuumuta 2 spl. õli pannil.

Lisa kuskuss. Küpseta ja jätka segamist 3-5 minutit või kuni oad hakkavad pruunistuma. Tõsta kaussi ja puhasta pann. Kuumuta 3 spl. ülejäänud supilusikatäit. pannile õli ja lisa paprika, suvikõrvits ja ½ tl. soola. Küpseta 8 minutit.

Sega juurde sidrunikoor, riivitud el hanout ja küüslauk. Küpseta, kuni see lõhnab (umbes 30 sekundit). Lisa puljong ja lase podiseda. Sega hulka kuskuss. Tõsta tulelt ja tõsta kõrvale, kuni see on pehme.

Lisa majoraan ja lillkapsas; seejärel segage segamiseks õrnalt kahvliga. Nirista peale veel õli ja maitsesta hästi. Serveeri sidruniviiludega.

Toitumine (100 g kohta): 787 kalorit 18,3 g rasva 129,6 g süsivesikuid 24,5 g valku 699 mg naatriumi

Vürtsikas küpsetatud riis apteegitilliga

Valmistamisaeg: 10 minutit

Söögitegemise aeg: 45 minutit

Portsjonid: 8

Raskusaste: keskmine

Koostis:

- Bataat - 1,5 naela, kooritud ja lõigatud 1-tollisteks tükkideks
- Ekstra neitsioliiviõli - ¼ tassi
- Sool ja pipar
- Apteegitill – 1 sibul, peeneks hakitud
- Väike sibul - 1, peeneks hakitud
- Pikateraline valge riis - 1 ½ tassi, loputatud
- Küüslauk - 4 nelki, hakitud
- Ras el hanout - 2 spl.
- Kana puljong - 2 tassi
- Suured marineeritud kivideta rohelised oliivid – ¾ tassi, poolitatud
- Hakitud värske koriander - 2 spl.
- Laimi viilud

Juhised:

Asetage ahjurest keskele ja soojendage ahi temperatuurini 400 F. Viska kartulid ½ tl. soola ja 2 spl. õli.

Asetage kartulid ühe kihina ääristatud küpsetusplaadile ja röstige 25–30 minutit või kuni need on pehmed. Sega kartulid poole küpsetamise ajal.

Eemaldage kartulid ja alandage ahju temperatuuri 350 F-ni. Kuumuta 2 spl Hollandi ahjus. õli keskmisel kuumusel.

Lisa sibul ja apteegitill; Seejärel küpseta 5-7 minutit või kuni see on pehmenenud. Sega juurde ras el hanout, küüslauk ja riis. Prae 3 minutit.

Sega juurde oliivid ja puljong ning lase 10 minutit seista. Lisa kartulid riisile ja klopi ettevaatlikult kahvliga läbi. Maitsesta soola ja pipraga maitse järgi. Kaunista koriandriga ja serveeri laimiviiludega.

Toitumine (100 g kohta): 207 kalorit 8,9 g rasva 29,4 g süsivesikuid 3,9 g valku 711 mg naatriumi

Maroko kuskuss kikerhernestega

Valmistamisaeg: 5 minutit

Söögitegemise aeg: 18 min

Portsjonid: 6

Raskusaste: keskmine

Koostis:

- Ekstra neitsioliiviõli – ¼ tassi, lisatasu serveerimiseks
- Kuskuss - 1 ½ tassi
- Kooritud ja tükeldatud peened porgandid - 2
- Peeneks hakitud sibul - 1
- Sool ja pipar
- Küüslauk - 3 nelki, hakitud
- Jahvatatud koriander - 1 spl.
- Jahvatatud ingver - u.
- Jahvatatud aniis - ¼ tl.
- Kana puljong - 1 ¾ tassi
- Kikerherned - 1 purk (15 untsi), loputatud
- Külmutatud herned - 1 ½ tassi
- Tükeldatud värske petersell või koriander - ½ tassi
- sidruni viilud

Juhised:

Kuumuta 2 spl. õli praepannil keskmisel kuumusel. Segage kuskuss ja küpseta 3–5 minutit või kuni värv hakkab muutuma. Tõsta kaussi ja puhasta pann.

Kuumuta 2 spl. pannil õli ja lisa sibul, porgand ja 1 spl. soola. Küpseta 5 kuni 7 minutit. Sega juurde aniis, ingver, koriander ja küüslauk. Küpseta, kuni see lõhnab (umbes 30 sekundit).

Sega kikerherned ja puljong ning lase keema. Sega hulka kuskuss ja herned. Katke ja eemaldage kuumusest. Tõsta kõrvale, kuni kuskuss on pehme.

Lisa kuskussile petersell ja aja kahvliga kohevaks. Lisa veidi õli ja maitsesta hästi. Serveeri sidruniviiludega.

Toitumine (100 g kohta): 649 kalorit 14,2 g rasva 102,8 g süsivesikuid 30,1 g valku 812 mg naatriumi

Taimetoitlane paella roheliste ubade ja kikerhernestega

Valmistamisaeg: 10 minutit

Söögitegemise aeg: 35 min

Portsjonid: 4

Raskusaste: lihtne

Koostis:

- Näpi safranit
- Köögiviljapuljong - 3 tassi
- Oliiviõli - 1 spl.
- Kollane sibul - 1 suur, tükeldatud
- Küüslauk - 4 nelki, viilutatud
- Punane pipar - 1 tk, tükeldatud
- Purustatud tomatid – ¾ tassi, värsked või konserveeritud
- Tomatipüree - 2 spl.
- Kuum paprika - 1 ½ tl.
- Sool - 1 spl.
- Värskelt jahvatatud must pipar - ½ tl.
- Rohelised oad - 1 ½ tassi, lõigatud ja poolitatud
- Kikerherned – 1 purk (15 untsi), nõrutatud ja loputatud
- Lühikeseteraline valge riis - 1 tass
- Sidrun - 1, lõigatud viiludeks

Juhised:

Sega safrani kiud 3 spl. soe vesi väikeses kausis. Keeda vesi kastrulis keskmisel kuumusel. Alanda kuumust ja lase podiseda.

Kuumuta õli pannil keskmisel kuumusel. Lisa sibul ja prae 5 minutit. Lisage paprika ja küüslauk ning hautage 7 minutit või kuni paprika on pehme. Sega hulka safrani-vee segu, sool, pipar, paprika, tomatipüree ja tomatid.

Lisa riis, kikerherned ja rohelised oad. Sega juurde kuum puljong ja aja keema. Alanda kuumust ja hauta kaaneta 20 minutit.

Serveeri soojalt, kaunistatud sidruniviiludega.

Toitumine (100 g kohta): 709 kalorit 12 g rasva 121 g süsivesikuid 33 g valku 633 mg naatriumi

Küüslaugukrevetid tomati ja basiilikuga

Valmistamisaeg: 10 minutit

Söögitegemise aeg: 10 minutit

Portsjonid: 4

Raskusaste: lihtne

Koostis:

- Oliiviõli - 2 spl.
- Krevetid - 1 ¼ naela, kooritud ja puhastatud
- Küüslauk - 3 nelki, hakitud
- Purustatud punase pipra helbed - 1/8 tl.
- Kuiv valge vein - ¾ tassi
- Viinamarja tomatid - 1 ½ tassi
- Peeneks hakitud värske basiilik - ¼ tassi, lisaks veel kaunistuseks
- Sool - ¾ tl.
- Jahvatatud must pipar - ½ tl.

Juhised:

Kuumuta praepannil õli keskmisel kuumusel. Lisa krevetid ja küpseta 1 minut või kuni need on lihtsalt läbi küpsenud. Tõsta taldrikule.

Asetage punase pipra helbed ja küüslauk pannile õlisse ning küpsetage segades 30 sekundit. Sega juurde vein ja küpseta, kuni see väheneb umbes poole võrra.

Lisa tomatid ja prae, kuni tomatid hakkavad lagunema (umbes 3-4 minutit). Segage reserveeritud krevetid, sool, pipar ja basiilik. Küpseta veel 1 kuni 2 minutit.

Serveeri ülejäänud basiilikuga kaunistatult.

Toitumine (100 g kohta): 282 kalorit 10 g rasva 7 g süsivesikuid 33 g valku 593 mg naatriumi

Krevettide paella

Valmistamisaeg: 10 minutit

Söögitegemise aeg: 25 minutit

Portsjonid: 4

Raskusaste: keskmine

Koostis:

- Oliiviõli - 2 spl.
- Keskmine sibul - 1 tk, tükeldatud
- Punane pipar - 1 tk, tükeldatud
- Küüslauk - 3 nelki, hakitud
- Näpi safranit
- Kuum pipar - ¼ tl.
- Sool - 1 spl.
- Värskelt jahvatatud must pipar - ½ tl.
- Kana puljong - 3 tassi, jagatud
- Lühikeseteraline valge riis - 1 tass
- Suured kooritud ja tükeldatud krevetid - 1 nael
- Külmutatud herned - 1 tass, sulatatud

Juhised:

Kuumuta oliiviõli pannil. Sega juurde sibul ja paprika ning prae 6 minutit või kuni need on pehmenenud. Lisa sool, pipar, paprika, safran ja küüslauk ning sega läbi. Sega juurde 2 ½ dl puljongit ja riis.

Kuumuta segu keemiseni ja keeda, kuni riis on küps, umbes 12 minutit. Asetage krevetid ja herned riisi peale ning lisage ülejäänud ½ tassi puljongit.

Pange pannile kaas tagasi ja küpseta, kuni kõik krevetid on vaevu küpsenud (umbes 5 minutit). Serveerima.

Toitumine (100 g kohta): 409 kalorit 10 g rasva 51 g süsivesikuid 25 g valku 693 mg naatriumi

Läätsesalat oliivide, piparmündi ja fetajuustuga

Valmistamisaeg: 60 minutit

Söögitegemise aeg: 60 minutit

Portsjonid: 6

Raskusaste: keskmine

Koostis:

- Sool ja pipar
- Prantsuse läätsed - 1 tass, korjatud ja loputatud
- Küüslauk - 5 küünt, kergelt purustatud ja kooritud
- loorberilehed - 1
- Ekstra neitsioliiviõli - 5 spl.
- Valge veini äädikas - 3 spl.
- Kalamata oliivid ilma kivideta - ½ tassi, tükeldatud
- Tükeldatud värske piparmünt - ½ tassi
- Šalottsibul - 1 suur, peeneks hakitud
- Feta juust - 1 unts, purustatud

Juhised:

Lisage 4 tassi sooja vett ja 1 spl. soola kaussi. Lisa läätsed ja lase 1 tund toatemperatuuril tõmmata. Nõruta hästi.

Asetage ahjurest keskele ja soojendage ahi temperatuurini 325 F. Sega läätsed, 4 dl vett, küüslauk, loorberileht ja ½ tl. soola kastrulis. Kata kaanega ja aseta ahju ning küpseta 40-60 minutit või kuni läätsed on pehmed.

Nõruta läätsed hästi, visake küüslauk ja loorberileht ära. Vahusta suures kausis õli ja äädikas. Lisa šalottsibul, piparmünt, oliivid ja läätsed ning sega omavahel.

Maitsesta soola ja pipraga maitse järgi. Laota korralikult serveerimisnõusse ja kaunista fetajuustuga. Serveerima.

Toitumine (100 g kohta): 249 kalorit 14,3 g rasva 22,1 g süsivesikuid 9,5 g valku 885 mg naatriumi

Kikerherned küüslaugu ja peterselliga

Valmistamisaeg: 5 minutit

Söögitegemise aeg: 20 minutit

Portsjonid: 6

Raskusaste: keskmine

Koostis:

- Ekstra neitsioliiviõli - ¼ tassi
- Küüslauk - 4 nelki, õhukeselt viilutatud
- Punase pipra helbed - 1/8 tl.
- Sibul - 1, hakitud
- Sool ja pipar
- Kikerherned - 2 15-untsi purki, loputatud
- Kana puljong - 1 tass
- hakitud värske petersell - 2 spl.
- Sidrunimahl - 2 spl.

Juhised:

Praepannil lisa 3 spl. õli ja küpseta küüslauku ja tšillihelbeid 3 minutit. Sega juurde sibul ja ¼ tl. soola ja küpseta 5–7 minutit.

Sega juurde kikerherned ja puljong ning kuumuta keemiseni. Alanda kuumust ja hauta tasasel tulel kaanega 7 minutit.

Avage kaas ja seadke kuumus kõrgele ning küpseta 3 minutit või kuni kogu vedelik on aurustunud. Tõsta kõrvale ja sega hulka sidrunimahl ja petersell.

Maitsesta soola ja pipraga maitse järgi. Nirista üle 1 spl. õli ja serveeri.

Toitumine (100 g kohta): 611 kalorit 17,6 g rasva 89,5 g süsivesikuid 28,7 g valku 789 mg naatriumi

Kikerherneste kompott baklažaanide ja tomatitega

Valmistamisaeg: 10 minutit

Söögitegemise aeg: 60 minutit

Portsjonid: 6

Raskusaste: lihtne

Koostis:

- Ekstra neitsioliiviõli - ¼ tassi
- Sibul - 2, hakitud
- Roheline pipar - 1, peeneks hakitud
- Sool ja pipar
- Küüslauk - 3 nelki, hakitud
- Tükeldatud värske pune - 1 spl.
- loorberilehed - 2
- Baklažaan - 1 nael, lõigatud 1 tolli tükkideks
- Terved kooritud tomatid - 1 purk, reserveeritud mahlast nõrutatud, tükeldatud
- Kikerherned - 2 purki (15 untsi), nõrutatud 1 tassi reserveeritud vedelikuga

Juhised:

Asetage ahjurest alumisele keskele ja soojendage ahi temperatuurini 400 F. Kuumutage õli Hollandi ahjus. Lisa paprika, sibul, ½ tl. soola ja ¼ tl. pipar. Prae 5 minutit.

Sega juurde 1 spl. pune, küüslauk ja loorberilehed ning küpseta 30 sekundit. Segage tomatid, baklažaan, reserveeritud mahl, kikerherned ja vedelik ning laske keema tõusta. Tõsta pann ahju ja küpseta kaaneta 45–60 minutit. Kaks korda puudutades.

Viska loorberilehed ära. Sega juurde 2 spl. pune ja maitsesta soola ja pipraga. Serveerima.

Toitumine (100 g kohta): 642 kalorit 17,3 g rasva 93,8 g süsivesikuid 29,3 g valku 983 mg naatriumi

Sidrun Kreeka riis

Valmistamisaeg: 20 minutit

Söögitegemise aeg: 45 minutit

Portsjonid: 6

Raskusaste: keskmine

Koostis:

- Pikateraline riis - 2 tassi, keetmata (leotatud 20 minutit külmas vees, seejärel kurnatud)
- Ekstra neitsioliiviõli - 3 spl.
- Kollane sibul - 1 keskmine, tükeldatud
- Küüslauk - 1 nelk, hakitud
- Orzo pasta - ½ tassi
- 2 sidruni mahl ja 1 sidruni koor
- Madala naatriumipuljong - 2 tassi
- Näputäis soola
- Hakitud petersell - 1 suur peotäis
- Till - 1 spl.

Juhised:

Kuumuta potis 3 spl. Ekstra neitsioliiviõli. Lisa sibul ja prae 3–4 minutit. Lisa orzo pasta ja küüslauk ning sega omavahel.

Seejärel lisa riis katteks. Lisa puljong ja sidrunimahl. Kuumuta keemiseni ja alanda kuumust. Katke ja küpseta umbes 20 minutit.

Eemaldage tulelt. Kata ja jäta 10 minutiks kõrvale. Avage ja segage sidrunikoor, till ja petersell. Serveerima.

Toitumine (100 g kohta): 145 kalorit 6,9 g rasva 18,3 g süsivesikuid 3,3 g valku 893 mg naatriumi

Küüslauk ja ürdiriis

Valmistamisaeg: 10 minutit

Söögitegemise aeg: 30 minutit

Portsjonid: 4

Raskusaste: lihtne

Koostis:

- Ekstra neitsioliiviõli - ½ tassi, jagatud
- Suured küüslauguküüned - 5 tk, hakitud
- Jasmiini pruun riis - 2 tassi
- Vesi - 4 tassi
- Meresool - 1 spl.
- Must pipar - 1 spl.
- Tükeldatud värske murulauk - 3 spl.
- hakitud värske petersell - 2 spl.
- Tükeldatud värske basiilik - 1 spl.

Juhised:

Lisa kastrulisse tass oliiviõli, küüslauk ja riis. Sega ja kuumuta keskmisel kuumusel. Sega juurde vesi, meresool ja must pipar. Seejärel segage uuesti.

Kuumuta keemiseni ja alanda kuumust. Hauta kaaneta aeg-ajalt segades.

Kui vesi on peaaegu imendunud, sega ülejäänud oliiviõli basiiliku, peterselli ja murulauguga.

Segage, kuni ürdid on segunenud ja kogu vesi on imendunud.

Toitumine (100 g kohta): 304 kalorit 25,8 g rasva 19,3 g süsivesikuid 2 g valku 874 mg naatriumi

Vahemere riisi salat

Valmistamisaeg: 10 minutit

Söögitegemise aeg: 25 minutit

Portsjonid: 4

Raskusaste: keskmine

Koostis:

- Ekstra neitsioliiviõli - ½ tassi, jagatud
- Pikateraline pruun riis - 1 tass
- Vesi - 2 tassi
- Värske sidrunimahl - ¼ tassi
- Küüslauguküüs - 1, peeneks hakitud
- Tükeldatud värske rosmariin - 1 spl.
- Jahvatatud värske piparmünt - 1 spl.
- Belgia endiivia – 3, tükeldatud
- Punane pipar - 1 keskmine, tükeldatud
- Kasvuhoonekurk - 1, tükeldatud
- Tükeldatud terve talisibul - ½ tassi
- Tükeldatud Kalamata oliivid - ½ tassi
- Punase pipra helbed - ¼ tl.
- Purustatud fetajuust - ¾ tassi
- Meresool ja must pipar

Juhised:

Kuumuta potis madalal kuumusel ¼ tassi oliivõli, riis ja näpuotsatäis soola. Sega riisi katmiseks. Lisa vesi ja hauta, kuni vesi on imendunud. Sega vahepeal. Vala riis suurde kaussi ja lase jahtuda.

Teises kausis segage ülejäänud ¼ tassi oliivõli, punase pipra helbed, oliivid, sibulad, kurk, paprika, endiivia, piparmünt, rosmariin, küüslauk ja sidrunimahl.

Lisa segule riis ja sega kokku. Sega õrnalt sisse fetajuust.

Maitse ja maitsesta. Serveerima.

Toitumine (100 g kohta): 415 kalorit 34 g rasva 28,3 g süsivesikuid 7 g valku 4755 mg naatriumi

Värske ubade ja tuunikala salat

Valmistamisaeg: 5 minutit

Söögitegemise aeg: 20 minutit

Portsjonid: 6

Raskusaste: lihtne

Koostis:

- Kooritud värsked oad (kooritud) - 2 tassi
- loorberilehed - 2
- Ekstra neitsioliiviõli - 3 spl.
- Punase veini äädikas - 1 spl.
- Sool ja must pipar
- Premium tuunikala – 1 6 untsi purk, pakitud oliiviõlisse
- soolatud kapparid - 1 spl. leotatud ja kuivatatud
- Peeneks hakitud lamedate lehtedega petersell - 2 spl.
- Punane sibul - 1, viilutatud

Juhised:

Keeda kastrulis kergelt soolaga maitsestatud vesi. Lisa oad ja loorberilehed; Seejärel küpseta 15-20 minutit või kuni oad on pehmed, kuid siiski kõvad. Nõruta, visake aroomiained ära ja tõsta kaussi.

Maitsesta oad kohe äädika ja õliga. Lisa sool ja must pipar. Sega korralikult läbi ja maitsesta. Lase tuunikala nõrguda ja murenda tuunikala liha oasalatisse. Lisa petersell ja kapparid. Sega läbi ja puista peale punase sibula viilud. Serveerima.

Toitumine (100 g kohta): 85 kalorit 7,1 g rasva 4,7 g süsivesikuid 1,8 g valku 863 mg naatriumi

Maitsev pasta kanaga

Valmistamisaeg: 10 minutit

Söögitegemise aeg: 17 min

Portsjonid: 4

Raskusaste: lihtne

Koostis:

- 3 kanarinda, nahata, kondita, tükkideks lõigatud
- 9 untsi täisterapastat
- 1/2 tassi oliive, viilutatud
- 1/2 tassi päikesekuivatatud tomateid
- 1 spl röstitud punast pipart, hakitud
- 14 untsi konserveeritud tomateid, tükeldatud
- 2 dl marinara kastet
- 1 dl kanapuljongit
- Pipar
- soola

Juhised:

Sega Instant Potis kõik koostisosad, välja arvatud täisterapasta.

Sulgege kaas ja küpseta suurel võimsusel 12 minutit.

Kui olete valmis, laske rõhul loomulikult vabaneda. Eemaldage kate.

Lisa pasta ja sega korralikult läbi. Sulgege purk, valige käsitsi režiim ja seadke taimer 5 minutiks.

Kui olete lõpetanud, vabastage rõhk 5 minutiks, seejärel vabastage ülejäänud osa kiirvabastusega. Eemaldage kate. Sega korralikult läbi ja serveeri.

Toitumine (100 g kohta): 615 kalorit 15,4 g rasva 71 g süsivesikuid 48 g valku 631 mg naatriumi

Maitske Taco riisikaussi

Valmistamisaeg: 10 minutit

Söögitegemise aeg: 14 min

Portsjonid: 8

Raskusaste: keskmine

Koostis:

- 1 nael jahvatatud veiseliha
- 8 untsi cheddari juustu, riivitud
- 14 untsi konserveeritud ube
- 2 untsi taco maitseainet
- 16 untsi salsat
- 2 tassi vett
- 2 tassi pruuni riisi
- Pipar
- soola

Juhised:

Lülitage Instant Pot küpsetusrežiimile.

Aseta liha pannile ja prae pruuniks.

Lisa vesi, oad, riis, taco maitseaine, pipar ja sool ning sega korralikult läbi.

Kõige peale salsa. Sulgege kaas ja küpseta suurel võimsusel 14 minutit.

Kui olete lõpetanud, vabastage surve kiirvabastusega. Eemaldage kate.

Sega juurde cheddari juust ja sega, kuni juust sulab.

Serveeri ja naudi.

Toitumine (100 g kohta): 464 kalorit 15,3 g rasva 48,9 g süsivesikuid 32,2 g valku 612 mg naatriumi

Maitsev mac ja juust

Valmistamisaeg: 10 minutit

Söögitegemise aeg: 10 minutit

Portsjonid: 6

Raskusaste: lihtne

Koostis:

- 16 untsi täistera nisu küünarnukipasta
- 4 tassi vett
- 1 tass konserveeritud tomatit, tükeldatud
- 1 tl küüslauku, hakitud
- 2 spl oliiviõli
- 1/4 tassi talisibul, hakitud
- 1/2 tassi Parmesani juustu, riivitud
- 1/2 tassi mozzarella juustu, riivitud
- 1 dl cheddari juustu riivituna
- 1/4 tassi Passatat
- 1 tass magustamata mandlipiima
- 1 dl marineeritud artišokki, tükeldatud
- 1/2 tassi päikesekuivatatud tomateid, viilutatud
- 1/2 tassi oliive, viilutatud
- 1 tl soola

Juhised:

Lisa kiirkeedupotti pasta, vesi, tomatid, küüslauk, õli ja sool ning sega korralikult läbi. Katke kaas ja küpseta kõrgel kuumusel.

Kui olete lõpetanud, vabastage rõhk mõneks minutiks, seejärel vabastage ülejäänud osa kiirvabastusega. Eemaldage kate.

Pange pann küpsetusrežiimile. Lisa roheline sibul, parmesan, mozzarella juust, cheddari juust, passata, mandlipiim, artišokk, päikesekuivatatud tomatid ja oliivid. Sega hästi.

Sega hästi ja küpseta, kuni juust sulab.

Serveeri ja naudi.

Toitumine (100 g kohta): 519 kalorit 17,1 g rasva 66,5 g süsivesikuid 25 g valku 588 mg naatriumi

Kurgi oliivi riis

Valmistamisaeg: 10 minutit
Söögitegemise aeg: 10 minutit
Portsjonid: 8
Raskusaste: keskmine

Koostis:

- 2 dl riisi, loputatud
- 1/2 tassi oliive, kivideta
- 1 tass kurki, tükeldatud
- 1 spl punase veini äädikat
- 1 tl sidrunikoort, riivitud
- 1 spl värsket sidrunimahla
- 2 spl oliiviõli
- 2 tassi köögiviljapuljongit
- 1/2 tl kuivatatud pune
- 1 punane paprika, tükeldatud
- 1/2 tassi sibulat, hakitud
- 1 spl oliiviõli
- Pipar
- soola

Juhised:

Lisa kiirpoti sisepotti õli ja vali pott saute režiimis. Lisa sibul ja prae 3 minutit. Lisa paprika ja pune ning prae 1 minut.

Lisa riis ja puljong ning sega korralikult läbi. Sulgege kaas ja küpseta suurel võimsusel 6 minutit. Kui olete valmis, laske rõhul 10 minutit vabastada ja seejärel vabastage ülejäänud osa kiirvabastusega. Eemaldage kate.

Lisa ülejäänud koostisosad ja sega korralikult läbi. Serveeri kohe ja naudi.

Toitumine (100 g kohta): 229 kalorit 5,1 g rasva 40,2 g süsivesikuid 4,9 g valku 210 mg naatriumi

Ürdirisoto maitsed

Valmistamisaeg: 10 minutit

Söögitegemise aeg: 15 minutit

Portsjonid: 4

Raskusaste: keskmine

Koostis:

- 2 tassi riisi
- 2 spl parmesani juustu, riivitud
- 3,5 untsi rasket koort
- 1 spl värsket pune, hakitud
- 1 spl värsket basiilikut, hakitud
- 1/2 spl hakitud salvei
- 1 sibul, hakitud
- 2 spl oliiviõli
- 1 tl küüslauku, hakitud
- 4 dl köögiviljapuljongit
- Pipar
- soola

Juhised:

Lisage kiirpoti sisemisse potti õli ja lülitage pott pruunistamisrežiimile. Lisa küüslauk ja sibul kiirpoti sisemisse potti ning lükka pott hautamisrežiimile. Lisa küüslauk ja sibul ning prae 2-3 minutit.

Lisa ülejäänud koostisosad peale parmesani ja koore ning sega korralikult läbi. Sulgege kaas ja küpseta suurel võimsusel 12 minutit.

Kui olete lõpetanud, vähendage survet 10 minutiks, seejärel vabastage ülejäänud osa kiirvabastusega. Eemaldage kate. Sega juurde koor ja juust ning serveeri.

Toitumine (100 g kohta): 514 kalorit 17,6 g rasva 79,4 g süsivesikuid 8,8 g valku 488 mg naatriumi

Maitsev Pasta Primavera

Valmistamisaeg: 10 minutit

Söögitegemise aeg: 4 minutit

Portsjonid: 4

Raskusaste: lihtne

Koostis:

- 8 untsi täistera nisu penne
- 1 spl värsket sidrunimahla
- 2 spl värsket peterselli, hakitud
- 1/4 tassi viilutatud mandleid
- 1/4 tassi parmesani juustu, riivitud
- 14 untsi konserveeritud tomateid, tükeldatud
- 1/2 tassi ploome
- 1/2 tassi suvikõrvitsat, tükeldatud
- 1/2 tassi sparglit
- 1/2 tassi porgandit, tükeldatud
- 1/2 tassi brokkolit, tükeldatud
- 1 3/4 dl köögiviljapuljongit
- Pipar
- soola

Juhised:

Lisa kiirkeedupotti puljong, pirnid, tomatid, ploomid, suvikõrvits, spargel, porgand ja spargelkapsas ning sega korralikult läbi. Sulgege ja küpseta kõrgel temperatuuril 4 minutit. Kui olete lõpetanud, vabastage surve kiirvabastusega. Eemaldage kaas. Sega ülejäänud ained korralikult läbi ja serveeri.

Toitumine (100 g kohta): 303 kalorit 2,6 g rasva 63,5 g süsivesikuid 12,8 g valku 918 mg naatriumi

Röstitud pipra pasta

Valmistamisaeg: 10 minutit

Söögitegemise aeg: 13 min

Portsjonid: 6

Raskusaste: keskmine

Koostis:

- 1 nael täistera penne pasta
- 1 spl itaalia maitseainet
- 4 dl köögiviljapuljongit
- 1 spl küüslauk, hakitud
- 1/2 sibulat, hakitud
- 14 untsi purki röstitud punast paprikat
- 1 dl fetajuustu, murendatud
- 1 spl oliiviõli
- Pipar
- soola

Juhised:

Lisa röstitud paprika blenderisse ja blenderda ühtlaseks massiks. Valage kiirpoti sisemisse potti õli ja seadke pott pruunistamise režiimile. Lisa küüslauk ja sibul kiirpoti sisemisse tassi ning prae potti. Lisa küüslauk ja sibul ning prae 2-3 minutit.

Lisa segatud grillitud paprika ja prae 2 minutit.

Lisa ülejäänud koostisosad peale fetajuustu ja sega korralikult läbi. Sulgege tihedalt ja küpseta kõrgel kuumusel 8 minutit. Kui olete lõpetanud, vabastage rõhk 5 minutiks loomulikult, seejärel vabastage ülejäänud osa kiirvabastusega. Eemaldage kate. Pea peale fetajuust ja serveeri.

Toitumine (100 g kohta): 459 kalorit 10,6 g rasva 68,1 g süsivesikuid 21,3 g valku 724 mg naatriumi

Juust Basiilik Tomat riis

Valmistamisaeg: 10 minutit

Söögitegemise aeg: 26 min

Portsjonid: 8

Raskusaste: keskmine

Koostis:

- 1 1/2 dl pruuni riisi
- 1 dl riivitud parmesani juustu
- 1/4 tassi värsket basiilikut, hakitud
- 2 dl viinamarja tomateid, poolitatud
- 8 untsi konserveeritud tomatikastet
- 1 3/4 dl köögiviljapuljongit
- 1 spl küüslauk, hakitud
- 1/2 tassi sibulat, tükeldatud
- 1 spl oliiviõli
- Pipar
- soola

Juhised:

Lisage kiirpoti sisemisse basseini õli ja valige hautamise asemel hautis. Asetage küüslauk ja sibul kiirpoti sisemisse potti ja pange see praadima. Lisa küüslauk ja sibul ning prae 4 minutit. Lisa riis, tomatikaste, puljong, pipar ja sool ning sega korralikult läbi.

Sulgege see ja küpseta kõrgel kuumusel 22 minutit.

Kui see on valmis, laske sellel 10 minutit survet vabastada, seejärel vabastage ülejäänud osa kiirvabastusega. Eemaldage kate. Lisa ülejäänud ained ja sega läbi. Serveeri ja naudi.

Toitumine (100 g kohta): 208 kalorit 5,6 g rasva 32,1 g süsivesikuid 8,3 g valku 863 mg naatriumi

Tuunikala pasta

Valmistamisaeg: 10 minutit

Söögitegemise aeg: 8 min

Portsjonid: 6

Raskusaste: keskmine

Koostis:

- 10 untsi tuunikalakonservi, nõrutatud
- 15 untsi täisterast rotini pasta
- 4 untsi mozzarella juustu, tükeldatud
- 1/2 tassi Parmesani juustu, riivitud
- 1 tl kuivatatud basiilikut
- 14 untsi tomateid
- 4 dl köögiviljapuljongit
- 1 spl küüslauk, hakitud
- 8 untsi seeni, viilutatud
- 2 suvikõrvitsat, viilutatud
- 1 sibul, hakitud
- 2 spl oliiviõli
- Pipar
- soola

Juhised:

Valage õli kiirpoti sisemisse potti ja vajutage potti hautamiseks.

Lisa seened, suvikõrvits ja sibul ning prae, kuni sibul on pehme.

Lisa küüslauk ja prae minut aega.

Lisa pasta, basiilik, tuunikala, tomatid ja puljong ning sega korralikult läbi. Sulgege ja küpseta kõrgel temperatuuril 4 minutit. Kui olete lõpetanud, vabastage rõhk 5 minutiks, seejärel vabastage ülejäänud osa kiirvabastusega. Eemaldage kate. Lisa ülejäänud ained ja sega korralikult läbi ning serveeri.

Toitumine (100 g kohta): 346 kalorit 11,9 g rasva 31,3 g süsivesikuid 6,3 g valku 830 mg naatriumi

Panini sega avokaado ja kalkuniliha

Valmistamisaeg: 5 minutit

Söögitegemise aeg: 8 min

Portsjonid: 2

Raskusaste: lihtne

Koostis:

- 2 punast paprikat, röstitud ja viilutatud
- ¼ naela mesquite'i suitsutatud kalkunirind, õhukeselt viilutatud
- 1 tass värskeid terveid spinati lehti, jagatud
- 2 viilu provolooni
- 1 spl oliiviõli, jagatud
- 2 ciabatta rulli
- ¼ tassi majoneesi
- ½ küpset avokaadot

Juhised:

Püreesta kausis kokku majonees ja avokaado. Seejärel soojendage paninipressi.

Lõika kuklid pooleks ja määri kukli siseküljele veidi oliivõli. Seejärel täitke see täidisega, asetades need kihiti: provolone, kalkunirind, röstitud punane pipar, spinatilehed ja määrige avokaadoseguga ning katke teise leivaviiluga.

Aseta võileib paninipressi ja grilli 5-8 minutit, kuni juust on sulanud ning leib on krõbe ja särtsakas.

Toitumine (100 g kohta): 546 kalorit 34,8 g rasva 31,9 g süsivesikuid 27,8 g valku 582 mg naatriumi

Fattoush – Lähis-Ida leib

Valmistamisaeg: 10 minutit
Söögitegemise aeg: 15 minutit
Portsjonid: 6
Raskusaste: raske

Koostis:

- 2 pita leiba
- 1 spl ekstra neitsioliiviõli
- 1/2 tl sumakit, rohkem hilisemaks
- Sool ja pipar
- 1 süda Rooma salatit
- 1 inglise kurk
- 5 roma tomatit
- 5 rohelist sibulat
- 5 redist
- 2 dl hakitud värsket lehtpeterselli
- 1 dl hakitud värskeid piparmündi lehti
- <u>Kastme koostisained:</u>
- 1 1/2 laimi, mahla
- 1/3 tassi ekstra neitsioliiviõli
- Sool ja pipar
- 1 tl jahvatatud sumakit
- 1/4 tl jahvatatud kaneeli
- veidi 1/4 tl jahvatatud pipart

Juhised:

Rösti pitaleiba rösteris 5 minutit. Ja siis murda pita tükkideks.

Kuumuta suurel pannil keskmisel kuumusel 3 supilusikatäit oliiviõli 3 minutit. Lisa pitaleib ja prae segades umbes 4 minutit kuldpruuniks.

Lisa sool, pipar ja 1/2 tl sumakit. Tõsta pita tulelt ja aseta paberrätikutele nõrguma.

Sega suures salatikausis hästi läbi tükeldatud salat, kurk, tomatid, talisibul, viilutatud redis, piparmündilehed ja petersell.

Laimivinegreti valmistamiseks ühendage kõik koostisosad väikeses kausis.

Sega kaste salatile ja sega korralikult läbi. Sega hulka pita leib.

Serveeri ja naudi.

Toitumine (100 g kohta): 192 kalorit 13,8 g rasva 16,1 g süsivesikuid 3,9 g valku 655 mg naatriumi

Gluteenivaba küüslaugu ja tomati focaccia

Valmistamisaeg: 5 minutit

Söögitegemise aeg: 20 minutit

Portsjonid: 8

Raskusaste: raske

Koostis:

- 1 muna
- ½ tl sidrunimahla
- 1 supilusikatäis mett
- 4 supilusikatäit oliiviõli
- Näputäis suhkrut
- 1 dl leiget vett
- 1 spl aktiivset kuivpärmi
- 2 tl rosmariini, hakitud
- 2 tl tüümiani, hakitud
- 2 tl basiilikut, hakitud
- 2 küüslauguküünt, hakitud
- 1 tl meresoola
- 2 tl ksantaankummi
- ½ tassi hirsijahu
- 1 dl kartulitärklist, mitte jahu
- 1 tass sorgojahu
- Piserdamiseks gluteenivaba maisijahu

Juhised:

Lülitage ahi 5 minutiks sisse ja seejärel välja, hoides ahju ust suletuna.

Sega leige vesi ja näpuotsatäis suhkrut. Lisa pärm ja sega õrnalt. Jätke 7 minutiks.

Vahusta suures kausis ürdid, küüslauk, sool, ksantaankummi, tärklis ja jahu. Kui pärm on kerkinud, vala kaussi jahu. Sega juurde munad, sidrunimahl, mesi ja oliiviõli.

Sega korralikult läbi ja aseta korralikult määritud kandilisse, maisijahuga üle puistatud vormi. Kaunista värske küüslaugu, rohkemate ürtide ja viilutatud tomatitega. Aseta kuuma ahju ja jäta pooleks tunniks kerkima.

Lülitage ahi 375oF-ni sisse ja pärast 20-minutilist eelkuumutamist. Focaccia on valmis, kui pealsed on kergelt pruunistunud. Võta kohe ahjust ja vormist välja ning lase jahtuda. Parim serveerida soojalt.

Toitumine (100 g kohta): 251 kalorit 9 g rasva 38,4 g süsivesikuid 5,4 g valku 366 mg naatriumi

Grillitud seeneburgerid

Valmistamisaeg: 15 minutit

Söögitegemise aeg: 10 minutit

Portsjonid: 4

Raskusaste: keskmine

Koostis:

- 2 Bibb salatit, poolitatud
- 4 viilu punast sibulat
- 4 viilu tomatit
- 4 täisterakuklit, röstitud
- 2 spl oliiviõli
- vastu. Cayenne'i pipar, valikuline
- 1 küüslauguküüs, peeneks hakitud
- 1 spl suhkrut
- ½ tassi vett
- 1/3 tassi palsamiäädikat
- 4 suurt Portobello seenekübarat, läbimõõduga umbes 5 tolli

Juhised:

Eemalda seentelt varred ja puhasta need niiske lapiga. Tõsta ahjuvormi, lõpused ülespoole.

Sega kausis oliiviõli, Cayenne'i pipar, küüslauk, suhkur, vesi ja äädikas. Vala seentele ja marineeri seeni külmkapis vähemalt tund aega.

Kui tund on peaaegu täis, soojendage grill keskmisele kõrgele ja määrige grillrest.

Grilli seeni viis minutit mõlemalt poolt või kuni need on pehmed. Pintselda seened marinaadiga, et need ära ei kuivaks.

Kokkupanemiseks asetage ½ leivast taldrikule, peale sibulaviilu, seeni, tomatit ja salatilehte. Kata leiva teise ülemise poolega.

Korrake protsessi ülejäänud koostisosadega, serveerige ja nautige.

Toitumine (100 g kohta): 244 kalorit 9,3 g rasva 32 g süsivesikuid 8,1 g valku 693 mg naatriumi

Vahemere baba ganoush

Valmistamisaeg: 10 minutit

Söögitegemise aeg: 25 minutit

Portsjonid: 4

Raskusaste: keskmine

Koostis:

- 1 küüslauguküüs
- 1 punane paprika, poolitatud ja südamik
- 1 spl hakitud värsket basiilikut
- 1 spl oliiviõli
- 1 tl musta pipart
- 2 baklažaani, pikuti viilutatud
- 2 viilu lamedat leiba või pita leiba
- 1 sidruni mahl

Juhised:

Kata grillrest küpsetusspreiga ja eelkuumuta grill keskmisele kuumusele.

Lõika küüslaugu pealsed viiludeks ja mähi fooliumisse. Aseta grilli kõige külmemasse kohta ja rösti vähemalt 20 minutit. Aseta paprika- ja baklažaaniviilud grilli kõige kuumemale kohale. Grilli mõlemalt poolt.

Kui sibul on küpsenud, eemalda röstitud küüslaugult nahk ja pane kooritud küüslauk köögikombaini. Lisa oliiviõli, pipar, basiilik, sidrunimahl, grillitud punane pipar ja grillitud baklažaan. Püreesta ja vala kaussi.

Grilli leiba läbikuumenemiseks mõlemalt poolt vähemalt 30 sekundit. Serveeri leiba püreestatud dipikastmega ja naudi.

Toitumine (100 g kohta): 231,6 kalorit 4,8 g rasva 36,3 g süsivesikuid 6,3 g valku 593 mg naatriumi

Mitmevilja- ja gluteenivabad kuklid

Valmistamisaeg: 10 minutit

Söögitegemise aeg: 20 minutit

Portsjonid: 8

Raskusaste: keskmine

Koostis:

- ½ tl õunasiidri äädikat
- 3 supilusikatäit oliiviõli
- 2 muna
- 1 tl küpsetuspulbrit
- 1 tl soola
- 2 tl ksantaankummi
- ½ tassi tapiokitärklist
- ¼ tassi pruuni teffi jahu
- ¼ tassi linajahu
- ¼ tassi amarandijahu
- ¼ tassi sorgojahu
- ¾ tassi pruuni riisijahu

Juhised:

Sega väikeses kausis vesi ja mesi korralikult läbi ning lisa pärm. Jäta täpselt 10 minutiks.

Sega labamiksriga: küpsetuspulber, sool, ksantaankummi, linajahu, sorgojahu, teffijahu, tapiokitärklis, amarandijahu ja pruuni riisijahu.

Klopi keskmises kausis kokku äädikas, oliiviõli ja muna.

Vala kuivainete kaussi äädika ja pärmi segu ning sega korralikult läbi.

Määri 12 muffinivorm küpsetuspritsiga. Vala tainas ühtlaselt 12 muffinitopsi ja lase tund aega kerkida.

Seejärel soojendage ahi temperatuurini 375 °F ja küpsetage kukleid, kuni pealsed on kuldpruunid, umbes 20 minutit.

Võta kuklid kohe ahjust ja muffinivormidest välja ning lase jahtuda.

Parim serveerida soojalt.

Toitumine (100 g kohta): 207 kalorit 8,3 g rasva 27,8 g süsivesikuid 4,6 g valku 844 mg naatriumi

Linguine mereandidega

Valmistamisaeg: 10 minutit

Söögitegemise aeg: 35 min

Portsjonid: 2

Raskusaste: raske

Koostis:

- 2 küüslauguküünt, hakitud
- 4 untsi linguine, täistera
- 1 spl oliiviõli
- 14 untsi tomateid, konserveeritud ja tükeldatud
- 1/2 spl šalottsibulat, hakitud
- 1/4 tassi valget veini
- Meresool ja must pipar maitse järgi
- 6 kirsikoort, puhastatud
- 4 untsi tilapiat, viilutatud 1-tollisteks ribadeks
- 4 untsi kuivatatud kammkarpe
- 1/8 tassi Parmesani juustu, riivitud
- 1/2 tl majoraani, hakitud ja värske

Juhised:

Aja vesi kastrulis keema ja seejärel keeda pasta pehmeks, mis peaks kestma umbes kaheksa minutit. Nõruta ja loputa pasta.

Kuumutage õli suurel pannil keskmisel kuumusel ja kui õli on kuum, segage küüslauk ja šalottsibul. Keeda üks minut, sageli segades.

Enne soola, veini, pipra ja tomatite lisamist tõstke kuumust keskmisele kõrgele ning laske keema tõusta. Küpseta veel minut.

Seejärel lisage oma karbid, katke ja küpseta veel kaks minutit.

Seejärel lisage majoraan, kammkarbid ja kala. Jätkake küpsetamist, kuni kala on läbi küpsenud ja teie karbid on avanenud. Selleks kulub kuni viis minutit ja visake ära kõik karbid, mis ei avane.

Vala kaste ja oma rannakarbid pastale, puista enne serveerimist üle parmesani ja majoraaniga. Serveeri kuumalt.

Toitumine (100 g kohta): 329 kalorit 12 g rasva 10 g süsivesikuid 33 g valku 836 mg naatriumi

Ingveri-tomati krevettide maitse

Valmistamisaeg: 10 minutit

Söögitegemise aeg: 15 minutit

Portsjonid: 2

Raskusaste: raske

Koostis:

- 1 1/2 supilusikatäit taimeõli
- 1 küüslauguküüs, peeneks hakitud
- 10 krevetti, eriti suured, kooritud ja sabad peal
- 3/4 supilusikatäit sõrmkübarat, riivitud ja kooritud
- 1 roheline tomat, poolitatud
- 2 ploomtomatit, poolitatud
- 1 spl laimimahla, värske
- 1/2 tl suhkrut
- 1/2 spl Jalapenot seemnetega, värske ja jahvatatud
- 1/2 spl basiilikut, värsket ja tükeldatud
- 1/2 spl koriandrit, hakitud ja värske
- 10 varrast
- Meresool ja must pipar maitse järgi

Juhised:

Kastke vardad vähemalt pooleks tunniks vette.

Kombineerige küüslauk ja ingver kausis, kandke pool suuremasse kaussi ja segage see kahe supilusikatäie õliga. Lisa krevetid ja veendu, et need oleksid korralikult kaetud.

Kata kaanega ja tõsta vähemalt pooleks tunniks külmkappi, seejärel lase jahtuda.

Kuumuta grill kõrgel kuumusel ja määri restid kergelt õliga. Võtke kauss välja ja raputage oma ploomid ja rohelised tomatid ülejäänud supilusikatäis õliga, maitsestage soola ja pipraga.

Grilli tomatid lõikepool üleval ja koored peaksid olema söestunud. Teie tomati viljaliha peaks olema pehme, mis võtab ploomtomati puhul aega neli kuni kuus minutit ja rohelise tomati puhul umbes kümme minutit.

Eemaldage koored, kui tomatid on käsitsemiseks piisavalt jahedad, seejärel visake seemned ära. Tükeldage tomati viljaliha peeneks, lisage see ingveri ja küüslaugu hulka. Lisa suhkur, jalapeño, laimimahl ja basiilik.

Maitsestage oma krevetid varrastele keerates soola ja pipraga, seejärel grillige neid läbipaistmatuks, umbes kaks minutit mõlemalt poolt. Tõsta krevetid oma maitse järgi taldrikule ja naudi.

Toitumine (100 g kohta): 391 kalorit 13 g rasva 11 g süsivesikuid 34 g valku 693 mg naatriumi

Krevetipasta

Valmistamisaeg: 10 minutit

Söögitegemise aeg: 10 minutit

Portsjonid: 2

Raskusaste: keskmine

Koostis:

- 2 tassi inglijuuste pasta, keedetud
- 1/2 naela keskmised krevetid, kooritud
- 1 küüslauguküüs, peeneks hakitud
- 1 dl tomatit, tükeldatud
- 1 tl oliiviõli
- 1/6 tassi Kalamata oliive, kivideta ja tükeldatud
- 1/8 tassi basiilikut, värske ja õhukeselt viilutatud
- 1 spl kapparid, nõrutatud
- 1/8 tassi fetajuustu, purustatud
- Näputäis musta pipart

Juhised:

Keeda pasta vastavalt pakendi juhistele, seejärel kuumuta oliiviõli pannil keskmisel kuumusel. Küpseta küüslauku pool minutit ja seejärel lisa krevetid. Prae veel minut.

Lisa basiilik ja tomat, seejärel vähenda kuumust, et keeda kolm minutit. Teie tomat peaks olema pehme.

Lisa oma oliivid ja kapparid. Lisage näpuotsatäis musta pipart ja segage serveerimiseks krevetisegu ja pasta. Enne soojalt serveerimist kata peale juustuga.

Toitumine (100 g kohta): 357 kalorit 11 g rasva 9 g süsivesikuid 30 g valku 871 mg naatriumi

Pošeeritud tursk

Valmistamisaeg: 10 minutit

Söögitegemise aeg: 25 minutit

Portsjonid: 2

Raskusaste: keskmine

Koostis:

- 2 tursafileed, 6 untsi
- Meresool ja must pipar maitse järgi
- 1/4 tassi kuiva valget veini
- 1/4 tassi mereandide puljongit
- 2 küüslauguküünt, hakitud
- 1 loorberileht
- 1/2 tl salvei, värske ja tükeldatud
- Kaunistuseks 2 oksa rosmariini

Juhised:

Alustuseks keera ahi 375 kraadi peale, seejärel maitsesta fileed soola ja pipraga. Asetage need küpsetusnõusse ja lisage puljong, küüslauk, vein, salvei ja loorberilehed. Kata tihedalt kinni ja seejärel küpseta 20 minutit. Teie kala peaks kahvliga testimisel olema helbeline.

Kasutage iga filee eemaldamiseks spaatlit, asetage vedelik kõrgele kuumusele ja keetke, et vähendada poole võrra. Selleks peaks kuluma kümme minutit ja segage sageli. Serveeri pošeerimisvedelikus nõrutatult ja rosmariinioksaga kaunistatult.

Toitumine (100 g kohta): 361 kalorit 10 g rasva 9 g süsivesikuid 34 g valku 783 mg naatriumi

Rannakarbid valges veinis

Valmistamisaeg: 5 minutit

Söögitegemise aeg: 10 minutit

Portsjonid: 2

Raskusaste: raske

Koostis:

- 2 naela. Elus karbid, värsked
- 1 dl kuiva valget veini
- 1/4 tl meresoola, hea
- 3 küüslauguküünt, hakitud
- 2 tl šalottsibulat, tükeldatud
- 1/4 tassi peterselli, värske ja hakitud, jagatud
- 2 spl oliiviõli
- 1/4 sidruni, mahl

Juhised:

Võtke kurn välja ja hõõruge rannakarbid, loputage neid külma veega. Visake ära kõik rannakarbid, mis koputamisel ei sulgu, ja seejärel eemaldage mõlemalt ogatera lõikamiseks nuga.

Võtke pott välja, pange keskmisele kuumusele ja lisage küüslauk, šalottsibul, vein ja petersell. Lase keema. Kui see on ühtlaselt keema tõusnud, lisage oma karbid ja katke. Laske neil viis kuni seitse minutit podiseda. Veenduge, et need üle ei küpseks.

Kasutage nende eemaldamiseks lõhikuga lusikat ning lisage pannile sidrunimahl ja oliiviõli. Enne peterselliga serveerimist segage hoolikalt ja valage leem rannakarpide peale.

Toitumine (100 g kohta): 345 kalorit 9 g rasva 18 g süsivesikuid 37 g valku 693 mg naatriumi

Lõhe tilliga

Valmistamisaeg: 10 minutit
Söögitegemise aeg: 15 minutit
Portsjonid: 2
Raskusaste: keskmine

Koostis:

- 2 lõhefileed, igaüks 6 untsi
- 1 spl oliiviõli
- 1/2 mandariini, mahla
- 2 tl apelsinikoort
- 2 spl tilli, värske ja hakitud
- Meresool ja must pipar maitse järgi

Juhised:

Kuumuta ahi 375 kraadini, seejärel tõmmake välja kaks kümnetollist fooliumitükki. Enne soola ja pipraga maitsestamist määrige filee mõlemalt poolt oliiviõliga, mähkige iga filee alumiiniumfooliumitüki sisse.

Nirista igale peale oma apelsinimahla, seejärel kaunista apelsinikoore ja tilliga. Voltige pakend suletuks, veendudes, et fooliumis oleks kaks sentimeetrit õhuruumi, et kala saaks aurutada, seejärel asetage see küpsetusplaadile.

Küpseta viisteist minutit enne pakkide avamist ja kahele serveerimisnõule ülekandmist. Enne serveerimist vala kaste igaühe peale.

Toitumine (100 g kohta): 366 kalorit 14 g rasva 9 g süsivesikuid 36 g valku 689 mg naatriumi

Sile lõhe

Valmistamisaeg: 8 minutit
Söögitegemise aeg: 8 min
Portsjonid: 2
Raskusaste: lihtne

Koostis:

- Lõhe, 6 untsi filee
- Sidrun, 2 viilu
- Kapparid, 1 spl
- Meresool ja pipar, 1/8 tl
- Ekstra neitsioliiviõli, 1 spl

Juhised:

Asetage puhas pann keskmisele kuumusele 3 minutiks küpsetama. Pane taldrikule oliiviõli ja kata lõhe täielikult. Küpseta lõhe pannil kõrgel kuumusel.

Lisa lõhele ülejäänud koostisosad ja keera mõlemalt poolt küpsetama. Pange tähele, kui mõlemad pooled on pruunid. Mõlemal küljel võib kuluda 3-5 minutit. Kahvliga katsetades veendu, et lõhe on küpsenud.

Serveeri sidruniviiludega.

Toitumine (100 g kohta): 371 kalorit 25,1 g rasva 0,9 g süsivesikuid 33,7 g valku 782 mg naatriumi

Tuunikala meloodia

Valmistamisaeg: 20 minutit

Söögitegemise aeg: 20 minutit

Portsjonid: 2

Raskusaste: lihtne

Koostis:

- Tuunikala, 12 untsi
- Roheline sibul, 1 kaunistuseks
- Pipar, , hakitud
- Äädikas, 1 kriips
- Sool ja pipar maitse järgi
- Avokaado, 1, poolitatud ja kivideta
- Kreeka jogurt, 2 spl

Juhised:

Sega kausis tuunikala äädika, sibula, jogurti, avokaado ja pipraga.

Lisa vürtsid, sega läbi ja serveeri rohelise sibulaga.

Toitumine (100 g kohta): 294 kalorit 19 g rasva 10 g süsivesikuid 12 g valku 836 mg naatriumi

Merejuust

Valmistamisaeg: 12 minutit

Söögitegemise aeg: 25 minutit

Portsjonid: 2

Raskusaste: lihtne

Koostis:

- Lõhe, 6 untsi filee
- Kuivatatud basiilik, 1 spl
- Juust, 2 spl, riivitud
- Tomat, 1, viilutatud
- Ekstra neitsioliiviõli, 1 spl

Juhised:

Valmistage küpsetusahi 375 F. Vooderdage küpsetusvorm alumiiniumfooliumiga ja piserdage toiduõliga. Tõsta lõhe ettevaatlikult ahjuplaadile ja tõsta peale ülejäänud koostisosad.

Lase lõhel 20 minutit pruunistuda. Lase viis minutit jahtuda ja tõsta serveerimistaldrikule. Näete täidist lõhe keskel.

Toitumine (100 g kohta): 411 kalorit 26,6 g rasva 1,6 g süsivesikuid 8 g valku 822 mg naatriumi

tervislikud praed

Valmistamisaeg: 10 minutit
Söögitegemise aeg: 20 minutit
Portsjonid: 2
Raskusaste: lihtne

Koostis:

- Oliiviõli, 1 tl
- Hiidlesta praad, 8 untsi
- Küüslauk, ½ tl, peeneks hakitud
- Või, 1 spl
- Sool ja pipar maitse järgi

Juhised:

Kuumuta pann ja lisa õli. Pruunista praed keskmisel kuumusel pannil, sulata või koos küüslaugu, soola ja pipraga. Lisa praed, sega läbi ja serveeri.

Toitumine (100 g kohta): 284 kalorit 17 g rasva 0,2 g süsivesikuid 8 g valku 755 mg naatriumi

Lõhe ürtidega

Valmistamisaeg: 8 minutit

Söögitegemise aeg: 18 min

Portsjonid: 2

Raskusaste: lihtne

Koostis:

- Lõhe, 2 filee ilma nahata
- Jäme sool maitse järgi
- Ekstra neitsioliiviõli, 1 spl
- Sidrun, 1, viilutatud
- Värske rosmariin, 4 oksa

Juhised:

Kuumuta ahi 400 F-ni. Aseta foolium ahjuvormi ja lao peale lõhe. Määri lõhe ülejäänud koostisosadega ja küpseta 20 minutit. Serveeri kohe koos sidruniviiludega.

Toitumine (100 g kohta): 257 kalorit 18 g rasva 2,7 g süsivesikuid 7 g valku 836 mg naatriumi

Suitsutatud glasuuritud tuunikala

Valmistamisaeg: 35 minutit

Söögitegemise aeg: 10 minutit

Portsjonid: 2

Raskusaste: lihtne

Koostis:

- Tuunikala, 4 untsi praed
- Apelsinimahl, 1 spl
- Tükeldatud küüslauk, ½ nelki
- Sidrunimahl, ½ tl
- Värske petersell, 1 spl, hakitud
- Sojakaste, 1 spl
- Ekstra neitsioliiviõli, 1 spl
- Jahvatatud must pipar, tl
- Oregano, tl

Juhised:

Valige segamiseks roog ja lisage kõik koostisosad, välja arvatud tuunikala. Sega korralikult läbi ja seejärel lisa tuunikala marinaadi. Pange see segu pooleks tunniks külmkappi. Kuumuta grillpann ja prae tuunikala mõlemalt poolt 5 minutit. Serveeri üks kord keedetud.

Toitumine (100 g kohta): 200 kalorit 7,9 g rasva 0,3 g süsivesikuid 10 g valku 734 mg naatriumi

Krõbe paltus

Valmistamisaeg: 20 minutit

Söögitegemise aeg: 15 minutit

Portsjonid: 2

Raskusaste: lihtne

Koostis:

- Peal petersell
- Värske till, 2 spl, hakitud
- Värske murulauk, 2 spl, hakitud
- Oliivõli, 1 spl
- Sool ja pipar maitse järgi
- Hiidlest, filee, 6 untsi
- Sidrunikoor, ½ tl, peeneks riivitud
- Kreeka jogurt, 2 spl

Juhised:

Kuumuta ahi 400 F-ni. Vooderda küpsetusplaat alumiiniumfooliumiga. Pane kõik ained suurde kaussi ja marineeri fileed. Loputage ja kuivatage filee; seejärel pane ahju ja küpseta 15 minutit.

Toitumine (100 g kohta): 273 kalorit 7,2 g rasva 0,4 g süsivesikuid 9 g valku 783 mg naatriumi

Sobiv tuunikala

Valmistamisaeg: 15 minutit

Söögitegemise aeg: 10 minutit

Portsjonid: 2

Raskusaste: lihtne

Koostis:

- Muna, ½
- Sibul, 1 spl, peeneks hakitud
- Seller peal
- Sool ja pipar maitse järgi
- Küüslauk, 1 nelk, peeneks hakitud
- Konserveeritud tuunikala, 7 untsi
- Kreeka jogurt, 2 spl

Juhised:

Nõruta tuunikala ning lisa muna ja jogurt küüslaugu, soola ja pipraga.

Sega kausis see segu sibulaga ja vormi pätsikesed. Võtke suur pann ja pruunistage praed 3 minutit mõlemalt poolt. Nõruta ja serveeri.

Toitumine (100 g kohta): 230 kalorit 13 g rasva 0,8 g süsivesikuid 10 g valku 866 mg naatriumi

Kuumad ja värsked kalapraed

Valmistamisaeg: 14 minutit

Söögitegemise aeg: 14 min

Portsjonid: 2

Raskusaste: lihtne

Koostis:

- Küüslauk, 1 nelk, peeneks hakitud
- Sidrunimahl, 1 spl
- pruun suhkur, 1 spl
- Hiidlest praad, 1 nael
- Sool ja pipar maitse järgi
- Sojakaste, tl
- Või, 1 tl
- Kreeka jogurt, 2 spl

Juhised:

Eelkuumuta grill keskmisel kuumusel. Sega kausis või, suhkur, jogurt, sidrunimahl, soja ja maitseained. Kuumuta segu pannil. Kasutage seda segu steiki pintseldamiseks grillil küpsetamise ajal. Serveeri kuumalt.

Toitumine (100 g kohta): 412 kalorit 19,4 g rasva 7,6 g süsivesikuid 11 g valku 788 mg naatriumi

O'Marine rannakarbid

Valmistamisaeg: 20 minutit

Söögitegemise aeg: 10 minutit

Portsjonid: 2

Raskusaste: lihtne

Koostis:

- Rannakarbid, pestud ja puhastatud, 1 nael
- Kookospiim, ½ tassi
- Cayenne'i pipar, 1 tl
- Värske sidrunimahl, 1 spl
- Küüslauk, 1 tl, peeneks hakitud
- Koriander, värskelt hakitud kaunistuseks
- Pruun suhkur, 1 tl

Juhised:

Sega potis kõik koostisosad, välja arvatud karbid. Kuumuta segu ja lase keema tõusta. Lisa rannakarbid ja küpseta 10 minutit. Serveeri nõus koos keedetud vedelikuga.

Toitumine (100 g kohta): 483 kalorit 24,4 g rasva 21,6 g süsivesikuid 1,2 g valku 499 mg naatriumi

Slow Cooker Vahemere rostbiif

Valmistamisaeg: 10 minutit

Söögitegemise aeg: 10 tundi ja 10 minutit

Portsjonid: 6

Raskusaste: keskmine

Koostis:

- 3 naela chuck prae, kondita
- 2 tl rosmariini
- ½ tassi päikesekuivatatud tomateid, tükeldatud
- 10 riivitud küüslauguküünt
- ½ tassi veiselihapuljongit
- 2 spl palsamiäädikat
- ¼ tassi hakitud Itaalia peterselli, värske
- ¼ tassi hakitud oliive
- 1 tl sidrunikoort
- tassi juustu tangud

Juhised:

Aeglases pliidis lisage küüslauk, päikesekuivatatud tomatid ja rostbiifi. Lisa veisepuljong ja rosmariin. Sulgege pott ja laske 10 tundi podiseda.

Kui see on valmis, eemalda liha ja tükelda liha. Viska rasv ära. Tõsta hakkliha tagasi aeglasesse pliiti ja hauta 10 minutit. Sega väikeses kausis sidrunikoor, petersell ja oliivid. Tõsta segu serveerimiseks külmkappi. Pealt jahutatud seguga.

Serveeri pasta või munanuudlitega. Kõige peale kohupiim.

Toitumine (100 g kohta): 314 kalorit 19 g rasva 1 g süsivesikuid 32 g valku 778 mg naatriumi

Slow Cooker Vahemere veiseliha artišokiga

Ettevalmistusaeg: 3 tundi ja 20 minutit

Söögitegemise aeg: 7 tundi ja 8 minutit

Portsjonid: 6

Raskusaste: lihtne

Koostis:

- 2 naela hautatud veiseliha
- 14 untsi artišokisüdameid
- 1 spl viinamarjaseemneõli
- 1 tükeldatud sibul
- 32 untsi veiselihapuljongit
- 4 küüslauguküünt, riivitud
- 14½ untsi konserveeritud tomateid, tükeldatud
- 15 untsi tomatikastet
- 1 tl kuivatatud pune
- ½ tassi kivideta ja tükeldatud oliive
- 1 tl kuivatatud peterselli
- 1 tl kuivatatud pune
- ½ tl jahvatatud köömneid
- 1 tl kuivatatud basiilikut
- 1 loorberileht
- ½ tl soola

Juhised:

Valage suurele mittenakkuvale pannile veidi õli ja kuumutage keskmisel kuumusel. Röstitud veiseliha on mõlemalt poolt pruunistunud. Tõsta veiseliha aeglasele pliidile.

Lisa veisepuljong, tükeldatud tomatid, tomatikaste, sool ja sega. Vala sisse veisepuljong, tükeldatud tomatid, pune, oliivid, basiilik, petersell, loorberilehed ja köömned. Sega segu korralikult läbi.

Sulgege ja keetke madalal kuumusel 7 tundi. Serveerimisel visake loorberileht ära. Serveeri kuumalt.

Toitumine (100 g kohta): 416 kalorit 5 g rasva 14,1 g süsivesikuid 29,9 g valku 811 mg naatriumi

Slow Cooker Lahne Vahemere stiilis röst

Valmistamisaeg: 30 minutit

Küpsetusaeg: 8 tundi

Portsjonid: 10

Raskusaste: raske

Koostis:

- 4 naela ümmargune praesilm
- 4 küüslauguküünt
- 2 tl oliiviõli
- 1 tl värskelt jahvatatud musta pipart
- 1 tass hakitud sibulat
- 4 porgandit, tükeldatud
- 2 tl kuivatatud rosmariini
- 2 varssellerit tükeldatud
- 28 untsi konserveeritud purustatud tomateid
- 1 tass madala naatriumisisaldusega veiselihapuljongit
- 1 tass punast veini
- 2 teelusikatäit soola

Juhised:

Maitsesta rostliha soola, küüslaugu ja pipraga ning tõsta kõrvale. Valage õli mittenakkuvale pannile ja lisage keskmisele kuumusele. Pange veiseliha sellesse ja prae seda kuni see muutub igast küljest pruuniks. Nüüd tõsta rostbiifi 6-liitrisesse aeglasesse pliidiplaadisse. Lisa pannile porgand, sibul, rosmariin ja seller. Jätkake küpsetamist, kuni sibul ja köögiviljad on pehmed.

Sega sellesse köögiviljasegusse tomatid ja vein. Lisa lihapuljong ja tomatisegu aeglasele pliidile koos köögiviljaseguga. Sulgege ja keetke madalal kuumusel 8 tundi.

Kui liha on küpsenud, eemaldage see aeglasest pliidist, asetage lõikelauale ja mässige alumiiniumfooliumi. Kastme paksendamiseks tõsta see kastrulisse ja keeda tasasel tulel, kuni saavutab soovitud konsistentsi. Enne serveerimist visake rasv ära.

Toitumine (100 g kohta): 260 kalorit 6 g rasva 8,7 g süsivesikuid 37,6 g valku 588 mg naatriumi

Aeglase pliidi lihaleib

Valmistamisaeg: 10 minutit
Söögitegemise aeg: 6 tundi ja 10 minutit
Portsjonid: 8
Raskusaste: keskmine

Koostis:

- 2 naela jahvatatud piison
- 1 riivitud suvikõrvits
- 2 suurt muna
- Vajadusel oliiviõli küpsetussprei
- 1 suvikõrvits, riivitud
- ½ dl peterselli, värsket, peeneks hakitud
- ½ tassi Parmesani juustu, riivitud
- 3 spl palsamiäädikat
- 4 küüslauguküünt, riivitud
- 2 spl peeneks hakitud sibulat
- 1 spl kuivatatud pune
- ½ tl jahvatatud musta pipart
- ½ tl koššersoola
- Kaunistuseks:
- ¼ tassi hakitud mozzarella juustu
- ¼ tassi suhkruvaba ketšupit
- ¼ tassi värsket hakitud peterselli

Juhised:

Vooderda kuueliitrise aeglase pliidi sisemus fooliumiga. Pihustage sellele mittekleepuvat toiduõli.

Sega suures kausis jahvatatud piison või eriti lahja jahvatatud välisfilee, suvikõrvits, muna, petersell, palsamiäädikas, küüslauk, kuivatatud pune, mere- või koššersool, hakitud kuiv sibul ja jahvatatud must pipar.

Asetage see segu aeglasesse pliiti ja vormige piklik päts. Kata pott kaanega, pane madalale tulele ja keeda 6 tundi. Pärast küpsetamist avage aeglane pliit ja määrige ketšup kogu lihaleivale.

Nüüd pane juust uue kihina ketšupi peale ja sulge aeglane pliit. Lase lihaleival nendel kahel kihil umbes 10 minutit või kuni juust sulama hakkab. Kaunista värske peterselli ja riivitud mozzarella juustuga.

Toitumine (100 g kohta): 320 kalorit 2g rasva 4g süsivesikuid 26g valku 681mg naatriumi

Slow Cooker Vahemere veiseliha Hoagies

Valmistamisaeg: 10 minutit

Küpsetusaeg: 13 tundi

Portsjonid: 6

Raskusaste: keskmine

Koostis:

- 3 naela lahja rostbiifi
- ½ tl sibulapulbrit
- ½ tl musta pipart
- 3 tassi madala naatriumisisaldusega veiselihapuljongit
- 4 tl kastmesegu
- 1 loorberileht
- 1 spl küüslauk, hakitud
- 2 peenikesteks ribadeks lõigatud punast paprikat
- 16 untsi Pepperoncino
- 8 viilu Sargento Provolone, õhuke
- 2 untsi gluteenivaba leiba
- ½ tl soola
- Maitsestamiseks:
- 1½ spl sibulapulbrit
- 1½ spl küüslaugupulbrit
- 2 spl kuivatatud peterselli
- 1 supilusikatäis steviat
- ½ tl kuivatatud tüümiani

- 1 spl kuivatatud pune
- 2 supilusikatäit musta pipart
- 1 supilusikatäis soola
- 6 viilu juustu

Juhised:

Pühkige röst paberrätikutega kuivaks. Sega väikeses kausis must pipar, sibulapulber ja sool ning hõõru seguga prae peale. Asetage maitsestatud röst aeglasesse pliiti.

Lisa aeglasele pliidile puljong, kastmesegu, loorberilehed ja küüslauk. Segage õrnalt. Sulgege ja laske madalal kuumusel 12 tundi. Pärast keetmist eemalda loorberileht.

Võtke keedetud veiseliha välja ja tükeldage veiseliha. Pane tagasi veisehakk ja lisa paprika ja. Lisa paprika ja pepperoncino aeglasele pliidile. Kata pott kaanega ja keeda tasakesi 1 tund. Enne serveerimist pange iga kukli peale 3 untsi lihasegu. Tõsta peale juustuviil. Vedelat kastet saab kasutada dipikastmena.

Toitumine (100 g kohta): 442 kalorit 11,5 g rasva 37 g süsivesikuid 49 g valku 735 mg naatriumi

Vahemere seapraad

Valmistamisaeg: 10 minutit

Söögitegemise aeg: 8 tundi ja 10 minutit
Portsjonid: 6
Raskusaste: keskmine

Koostis:

- 2 spl oliiviõli
- 2 naela seapraad
- ½ tl paprikat
- ¾ tassi kanapuljongit
- 2 tl kuivatatud salvei
- ½ spl peeneks hakitud küüslauku
- ¼ tl kuivatatud majoraani
- teelusikatäis kuivatatud rosmariini
- 1 tl pune
- ¼ tl kuivatatud tüümiani
- 1 tl basiilikut
- ¼ teelusikatäit koššersoola

Juhised:

Sega väikeses kausis puljong, õli, sool ja maitseained. Vala oliiviõli praepannile ja kuumuta keskmisel kuumusel. Lisa sealiha ja prae, kuni kõik küljed on pruunid.

Pärast küpsetamist võtke sealiha välja ja torgake kogu praad noaga läbi. Asetage südamikuga seapraad 6-liitrisesse aeglasesse pliiti. Nüüd vala segust saadud vedelik väikeses kausis üle kogu prae.

Sulgege aeglane pliit ja küpseta madalal kuumusel 8 tundi. Pärast küpsetamist eemaldage see aeglasest pliidist lõikelauale ja tükeldage see tükkideks. Seejärel lisage hakitud sealiha aeglasele pliidile. Lase veel 10 minutit podiseda. Serveeri fetajuustu, pitaleiva ja tomatitega.

Toitumine (100 g kohta): 361 kalorit 10,4 g rasva 0,7 g süsivesikuid 43,8 g valku 980 mg naatriumi

Steak pitsa

Valmistamisaeg: 20 minutit
Söögitegemise aeg: 50 min
Portsjonid: 10
Raskusaste: raske

Koostis:

- Kooriku jaoks:
- 3 tassi universaalset jahu
- 1 spl suhkrut
- 2¼ teelusikatäit aktiivset kuivpärmi
- 1 tl soola
- 2 spl oliiviõli
- 1 dl leiget vett
- Kaunistuseks:
- 1 nael veisehakkliha
- 1 keskmine sibul, hakitud
- 2 spl tomatipüreed
- 1 spl jahvatatud köömneid
- Soola ja jahvatatud musta pipart vastavalt vajadusele
- klaas vett
- 1 tass värsket spinatit, hakitud
- 8 untsi artišokisüdamed, neljandikku
- 4 untsi värskeid seeni, viilutatud

- 2 tomatit, tükeldatud
- 4 untsi fetajuustu, purustatud

Juhised:

Kooriku jaoks:

Sega jahu, suhkur, küpsetuspulber ja sool taignakonksuga varustatud mikseriga. Lisa 2 spl õli ja leige vesi ning sõtku, kuni saad ühtlase ja elastse taina.

Tee taignast pall ja lase umbes 15 minutit puhata.

Tõsta tainas kergelt jahusele pinnale ja rulli ringiks. Asetage tainas kergelt õliga määritud ümmargusse pitsapanni ja suruge õrnalt alla. Lase umbes 10-15 minutit puhata. Määri koor vähese õliga. Kuumuta ahi 400 kraadini F.

Kaunistuseks:

Pruunista veiseliha mittenakkuval pannil keskmisel kuumusel umbes 4-5 minutit. Lisa sibul ja küpseta sageli segades umbes 5 minutit. Lisa tomatipüree, köömned, sool, must pipar ja vesi ning sega.

Keera kuumus keskmisele ja küpseta umbes 5–10 minutit. Eemaldage kuumusest ja reservist. Tõsta veisesegu pitsapõhjale ja tõsta peale spinat, seejärel artišokid, seened, tomatid ja fetajuust.

Küpseta, kuni juust sulab. Eemaldage ahjust ja laske enne viilutamist umbes 3–5 minutit puhata. Lõika soovitud suurusega viiludeks ja serveeri.

Toitumine (100 g kohta): 309 kalorit 8,7 g rasva 3,7 g süsivesikuid 3,3 g valku 732 mg naatriumi

Veise ja Bulguri lihapallid

Valmistamisaeg: 20 minutit

Söögitegemise aeg: 28 min

Portsjonid: 6

Raskusaste: keskmine

Koostis:

- ¾ tassi keetmata bulgurit
- 1 nael veisehakkliha
- ¼ tassi šalottsibulat, hakitud
- ¼ tassi värsket peterselli, peeneks hakitud
- ½ tl jahvatatud piment
- ½ tl jahvatatud köömneid
- ½ tl jahvatatud kaneeli
- ¼ tl punase pipra helbed, purustatud
- Sool, vastavalt vajadusele
- 1 spl oliiviõli

Juhised:

Leota bulgurit suures kausis külmas vees umbes 30 minutit. Nõruta bulgur hästi, seejärel suru seda kätega, et liigne vesi eemaldada. Lisa köögikombainis bulgur, veiseliha, šalottsibul, petersell, maitseained, sool ja blenderda ühtlaseks massiks.

Aseta segu kaussi ja hoia kaanega umbes 30 minutit külmkapis. Tõsta külmikust välja ja tee lihasegust ühesuurused lihapallid.

Kuumuta suurel pannil õli keskmisel kuumusel ja küpseta lihapalle 2 partiina umbes 13-14 minutit, sageli keerates. Serveeri kuumalt.

Toitumine (100 g kohta): 228 kalorit 7,4 g rasva 0,1 g süsivesikuid 3,5 g valku 766 mg naatriumi

Maitsev veiseliha ja brokkoli

Valmistamisaeg: 10 minutit

Söögitegemise aeg: 15 minutit

Portsjonid: 4

Raskusaste: lihtne

Koostis:

- 1 ja ½ naela. plangu praad
- 1 supilusikatäis. oliiviõli
- 1 supilusikatäis. tamari kaste
- 1 dl veisepuljongit
- 1 kilo brokkolit, õisikud eraldatud

Juhised:

Viska steigiribad üle õli ja tamariga, sega läbi ja tõsta 10 minutiks kõrvale. Valige küpsetusrežiimis oma kiirpott, lisage veiseribad ja pruunistage neid mõlemalt poolt 4 minutit. Sega juurde puljong, kata pann uuesti kaanega ja keeda kõrgel kuumusel 8 minutit. Sega hulka brokkoli, kata kaanega ja küpseta kõrgel kuumusel veel 4 minutit. Jaga kõik taldrikutele ja serveeri. Nautige!

Toitumine (100 g kohta): 312 kalorit 5 g rasva 20 g süsivesikuid 4 g valku 694 mg naatriumi

Veiseliha ja maisi tšilli

Valmistamisaeg: 8-10 minutit

Söögitegemise aeg: 30 minutit

Portsjonid: 8

Raskusaste: keskmine

Koostis:

- 2 väikest sibulat, hakitud (peeneks)
- ¼ tassi konserveeritud maisi
- 1 supilusikatäis õli
- 10 untsi lahja veiseliha
- 2 väikest kuuma paprikat, tükeldatud

Juhised:

Lülitage Instant Pot sisse. Klõpsake nuppu "LAEV". Valage õli ja seejärel segage sibul, pipar ja veiseliha; küpseta läbipaistvaks ja pehmeks. Valage potti 3 tassi vett; sega hästi.

Sulgege kaas. Valige "LIHA/HAUTUS". Seadke taimer 20 minutiks. Küpseta, kuni taimer läheb nulli.

Vajutage "CANCEL" ja seejärel "NPR", et saavutada loomulik vabanemisrõhk umbes 8-10 minuti jooksul. Ava ja aseta roog serveerimistaldrikule. Serveerima.

Toitumine (100 g kohta): 94 kalorit 5 g rasva 2 g süsivesikuid 7 g valku 477 mg naatriumi

Steakroog balsamico äädikaga

Valmistamisaeg: 5 minutit

Söögitegemise aeg: 55 min

Portsjonid: 8

Raskusaste: keskmine

Koostis:

- 3 naela chuck praad
- 3 küüslauguküünt, õhukeselt viilutatud
- 1 supilusikatäis õli
- 1 tl maitsestatud äädikat
- ½ tl pipart
- ½ tl rosmariini
- 1 supilusikatäis võid
- ½ tl tüümiani
- tassi palsamiäädikat
- 1 dl veisepuljongit

Juhised:

Lõika prae sisse viilud ja täida küüslauguviilud kõikjale. Sega omavahel maitseäädikas, rosmariin, pipar, tüümian ja hõõru seguga röstile. Valige pann sauteerimisrežiimil ja segage õli, laske õlil kuumeneda. Prae praad mõlemalt poolt.

Võtke see välja ja asetage kõrvale. Lisa või, puljong, palsamiäädikas ja deglaseeri pann. Pange praad tagasi ja sulgege kaas, seejärel küpseta 40 minutit kõrgel temperatuuril.

Tehke kiirvabastus. Serveerima!

Toitumine (100 g kohta): 393 kalorit 15 g rasva 25 g süsivesikuid 37 g valku 870 mg naatriumi

Röstitud veiseliha sojakastmega

Valmistamisaeg: 8 minutit

Söögitegemise aeg: 35 min

Portsjonid: 2-3

Raskusaste: keskmine

Koostis:

- ½ tl veiselihapuljongit
- 1 ½ tl rosmariini
- ½ tl peeneks hakitud küüslauku
- 2 naela rostbiifi
- 1/3 tassi sojakastet

Juhised:

Sega kausis sojakaste, puljong, rosmariin ja küüslauk.

Lülitage oma Instant Pot sisse. Asetage praad ja valage nii palju vett, et praad oleks kaetud; sega õrnalt, et hästi seguneks. Sulgege see korralikult.

Klõpsake küpsetusfunktsiooni "LIHA/HAUTUS"; seadke rõhutasemeks "HIGH" ja seadke küpsetusajaks 35 minutit. Laske koostisosade küpsetamiseks rõhul tõusta. Kui olete lõpetanud, klõpsake valikul "CANCEL" ja seejärel "NPR" toiduvalmistamise funktsioonil, et rõhk loomulikult vabastada.

Avage järk-järgult kaas ja tükeldage liha. Lisa potisegule tükeldatud liha ja sega korralikult läbi. Tõsta serveerimisanumatesse. Serveeri kuumalt.

Toitumine (100 g kohta): 423 kalorit 14 g rasva 12 g süsivesikuid 21 g valku 884 mg naatriumi

Rosmariini praad Chucki praad

Valmistamisaeg: 5 minutit

Söögitegemise aeg: 45 minutit

Portsjonid: 5-6

Raskusaste: keskmine

Koostis:

- 3 naela rostbiifi
- 3 küüslauguküünt
- tassi palsamiäädikat
- 1 oksake värsket rosmariini
- 1 oksake värsket tüümiani
- 1 tass vett
- 1 supilusikatäis taimeõli
- Sool ja pipar maitse järgi

Juhised:

Haki rostbiifi viilud ja aseta neile küüslauguküüned. Hõõru praad ürtide, musta pipra ja soolaga. Eelsoojendage kiirpott pruunistamisel ja valage õli. Pärast kuumutamist segage rostbiifi ja küpsetage segades, kuni see on igast küljest pruunistunud. Lisage ülejäänud koostisosad; sega õrnalt.

Sulgege tihedalt ja küpseta kõrgel kuumusel 40 minutit käsitsi seadistusel. Laske rõhul loomulikult vabaneda, umbes 10 minutit. Avage ja asetage rostbiif serveerimisvaagnale, viilutage ja serveerige.

Toitumine (100 g kohta): 542 kalorit 11,2 g rasva 8,7 g süsivesikuid 55,2 g valku 710 mg naatriumi

Sealiha kotletid ja tomatikaste

Valmistamisaeg: 10 minutit

Söögitegemise aeg: 20 minutit

Portsjonid: 4

Raskusaste: lihtne

Koostis:

- 4 seakarbonaad, kondita
- 1 spl sojakastet
- teelusikatäis seesamiõli
- 1 ja ½ tassi tomatipüreed
- 1 kollane sibul
- 8 seeni, viilutatud

Juhised:

Sega sealiha karbonaad kausis sojakastme ja seesamiõliga, sega läbi ja jäta 10 minutiks seisma. Lülitage kiirkeetja praadimisrežiimile, lisage sealihakotletid ja pruunistage neid 5 minutit mõlemalt poolt. Sega juurde sibul ja küpseta veel 1-2 minutit. Lisa tomatipüree ja seened, sega, kata kaanega ja küpseta kõrgel kuumusel 8-9 minutit. Jaga kõik taldrikutele ja serveeri. Nautige!

Toitumine (100 g kohta): 300 kalorit 7 g rasva 18 g süsivesikuid 4 g valku 801 mg naatriumi

Kana kapparikastmega

Valmistamisaeg: 10 minutit
Söögitegemise aeg: 18 min
Portsjonid: 5
Raskusaste: raske

Koostis:

- <u>Kana jaoks:</u>
- 2 muna
- Soola ja jahvatatud musta pipart vastavalt vajadusele
- 1 tass kuiva riivsaia
- 2 spl oliiviõli
- 1½ naela nahata, kondita kana rinnapoolikud, ¾ tolli paksused ja tükkideks lõigatud
- <u>Kapparikastme jaoks:</u>
- 3 supilusikatäit kapparid
- ½ dl kuiva valget veini
- 3 spl värsket sidrunimahla
- Soola ja jahvatatud musta pipart vastavalt vajadusele
- 2 spl värsket peterselli, hakitud

Juhised:

Kana jaoks: Lisa madalasse anumasse munad, sool ja must pipar ning klopi ühtlaseks. Teise sügavasse taldrikusse pane riivsai. Kasta kanatükid munasegusse, seejärel kata need ühtlaselt riivsaiaga. Raputa üleliigne riivsai maha.

Kuumuta õli keskmisel kuumusel ja küpseta kanatükke mõlemalt poolt umbes 5–7 minutit või kuni need on valmis. Tõsta kanatükid lusika abil majapidamispaberiga kaetud taldrikule. Kata kanatükid soojana hoidmiseks alumiiniumfooliumitükiga.

Lisa samale pannile kõik kastme koostisosad peale peterselli ja küpseta pidevalt segades umbes 2-3 minutit. Sega juurde petersell ja tõsta tulelt. Serveeri kanatükid koos kapparikastme garneeringuga.

Toitumine (100 g kohta): 352 kalorit 13,5 g rasva 1,9 g süsivesikuid 1,2 g valku 741 mg naatriumi

Türgi burger mangosalsaga

Valmistamisaeg: 15 minutit

Söögitegemise aeg: 10 minutit

Portsjonid: 6

Raskusaste: lihtne

Koostis:

- 1½ naela jahvatatud kalkunirind
- 1 tl meresoola, jagatud
- ¼ tl värskelt jahvatatud musta pipart
- 2 spl ekstra neitsioliiviõli
- 2 mangot, kooritud, kivideta ja kuubikuteks lõigatud
- ½ punast sibulat, peeneks hakitud
- 1 laimi mahl
- 1 küüslauguküüs, peeneks hakitud
- ½ jalapeño pipart, puhastatud südamikust ja peeneks hakitud
- 2 spl hakitud värskeid koriandri lehti

Juhised:

Vormi kalkuni rinnast 4 pätsi ning maitsesta ½ tl meresoola ja pipraga. Kuumuta oliiviõli mittenakkuval pannil läikima. Lisa kalkunikotletid ja prae umbes 5 minutit mõlemalt poolt kuldpruuniks. Pihvide küpsemise ajal segage väikeses kausis mango, punane sibul, laimimahl, küüslauk, jalapeño, koriander ja ülejäänud ½ tl meresoola. Vala salsa kalkunipihvidele ja serveeri.

Toitumine (100 g kohta): 384 kalorit 3 g rasva 27 g süsivesikuid 34 g valku 692 mg naatriumi

Ürdiga röstitud kalkuni rinnatükk

Valmistamisaeg: 15 minutit

Söögitegemise aeg: 1h30 (pluss 20 minutit puhkust)

Portsjonid: 6

Raskusaste: keskmine

Koostis:

- 2 spl ekstra neitsioliiviõli
- 4 küüslauguküünt, hakitud
- 1 sidruni koor
- 1 spl hakitud värskeid tüümiani lehti
- 1 spl hakitud värskeid rosmariini lehti
- 2 spl hakitud värskeid Itaalia peterselli lehti
- 1 tl jahvatatud sinepit
- 1 tl meresoola
- ¼ tl värskelt jahvatatud musta pipart
- 1 kondiga, nahaga kalkunirind (6 naela)
- 1 dl kuiva valget veini

Juhised:

Kuumuta ahi temperatuurini 325 ° F. Sega omavahel oliiviõli, küüslauk, sidrunikoor, tüümian, rosmariin, petersell, sinep, meresool ja pipar. Pintselda ürdisegu ühtlaselt üle kalkunirinna pealispinna, vabasta nahk ja hõõru ka alla. Aseta kalkuni rinnatükk röstimispannile restile, nahk üleval.

Valage vein praepannile. Rösti 1–1,5 tundi, kuni kalkun saavutab sisetemperatuuri 165 kraadi F. Eemaldage ahjust ja jätke 20 minutiks kõrvale, kaetuna fooliumiga, et hoida soojas, enne nikerdamist.

Toitumine (100 g kohta): 392 kalorit 1 g rasva 2 g süsivesikuid 84 g valku 741 mg naatriumi

Kana vorst ja paprika

Valmistamisaeg: 10 minutit
Söögitegemise aeg: 20 minutit
Portsjonid: 6
Raskusaste: keskmine

Koostis:

- 2 spl ekstra neitsioliiviõli
- 6 linki Itaalia kanavorst
- 1 sibul
- 1 punane paprika
- 1 roheline pipar
- 3 küüslauguküünt, hakitud
- ½ dl kuiva valget veini
- ½ tl meresoola
- ¼ tl värskelt jahvatatud musta pipart
- Näputäis punase pipra helbeid

Juhised:

Kuumuta oliiviõli suurel pannil läikima. Lisage vorstid ja küpseta 5–7 minutit, aeg-ajalt keerates, kuni need on pruunistunud ja saavutavad sisetemperatuuri 165 °F. Tõsta vorst tangide abil pannilt ja tõsta fooliumiga kaetud taldrikule sooja hoidmiseks.

Pane pann uuesti tulele ning sega hulka sibul, punane ja roheline pipar. Küpseta aeg-ajalt segades, kuni köögiviljad hakkavad värvuma. Lisa küüslauk ja küpseta pidevalt segades 30 sekundit.

Sega juurde vein, meresool, pipar ja punase pipra helbed. Eemaldage ja segage pruunistatud tükid panni põhjast. Hauta segades veel 4 minutit, kuni vedelik on poole võrra vähenenud.

Vala paprika vorstidele ja serveeri.

Toitumine (100 g kohta):173 kalorit 1 g rasva 6 g süsivesikuid 22 g valku 582 mg naatriumi

Kana Piccata

Valmistamisaeg: 10 minutit
Söögitegemise aeg: 15 minutit
Portsjonid: 6
Raskusaste: keskmine

Koostis:

- ½ tassi täistera nisujahu
- ½ tl meresoola
- 1/8 tl värskelt jahvatatud musta pipart
- 1½ naela kanarind, lõigatud 6 tükiks
- 3 spl ekstra neitsioliiviõli
- 1 dl soolata kanapuljongit
- ½ dl kuiva valget veini
- 1 sidruni mahl
- 1 sidruni koor
- ¼ tassi kapparid, nõrutatud ja loputatud
- ¼ tassi hakitud värskeid peterselli lehti

Juhised:

Vahusta sügavas kausis jahu, meresool ja pipar. Kasta kana jahusse ja raputa üleliigne maha. Küpseta oliiviõli, kuni see särab.

Lisa kana ja prae umbes 4 minutit mõlemalt poolt kuldpruuniks. Eemaldage kana pannilt ja asetage sooja hoidmiseks fooliumiga kaetuna kõrvale.

Pane pann uuesti tulele ning sega hulka puljong, vein, sidrunimahl, sidrunikoor ja kapparid. Kasutades lusika külge, segage pruunistatud tükid panni põhjast. Hauta, kuni vedelik pakseneb. Tõsta praepann tulelt ja pane kana tagasi praepannile. Pöörake mantli poole. Sega juurde petersell ja serveeri.

Toitumine (100 g kohta): 153 kalorit 2 g rasva 9 g süsivesikuid 8 g valku 692 mg naatriumi

Toscana kana

Valmistamisaeg: 10 minutit

Söögitegemise aeg: 25 minutit

Portsjonid: 6

Raskusaste: raske

Koostis:

- ¼ tassi ekstra neitsioliiviõli, jagatud
- 1 nael kondita ja nahata kanarinda, lõigatud ¾-tollisteks tükkideks
- 1 sibul, hakitud
- 1 punane paprika, tükeldatud
- 3 küüslauguküünt, hakitud
- ½ dl kuiva valget veini
- 1 purk (14 untsi) purustatud tomateid, kuivatamata
- 1 purk (14 untsi) tükeldatud tomateid, nõrutatud
- 1 purk (14 untsi) valgeid ube, nõrutatud
- 1 spl kuivatatud Itaalia maitseainet
- ½ tl meresoola
- 1/8 tl värskelt jahvatatud musta pipart
- 1/8 tl punase pipra helbeid
- ¼ tassi hakitud värskeid basiiliku lehti

Juhised:

Küpseta 2 supilusikatäit oliiviõli, kuni see särab. Sega hulka kana ja prae pruuniks. Eemaldage kana pannilt ja asetage taldrikule, kaetuna fooliumiga, et see püsiks soojas.

Tõsta pann tagasi tulele ja kuumuta ülejäänud oliiviõli. Lisa sibul ja punane pipar. Küpseta harva segades, kuni köögiviljad on pehmed. Lisa küüslauk ja küpseta pidevalt segades 30 sekundit.

Sega juurde vein ja eemalda lusika küljega panni põhjast pruunistunud tükid. Keeda segades 1 minut.

Sega omavahel purustatud ja tükeldatud tomatid, valged oad, Itaalia maitseaine, meresool, pipar ja punase pipra helbed. Las see olla nii pikk. Keeda 5 minutit, aeg-ajalt segades.

Pange kana ja kõik pannile kogunenud mahlad tagasi. Küpseta, kuni kana on läbi küpsenud. Eemaldage tulelt ja segage enne serveerimist basiilikuga.

Toitumine (100 g kohta): 271 kalorit 8 g rasva 29 g süsivesikuid 14 g valku 596 mg naatriumi

Kapama kanaga

Valmistamisaeg: 10 minutit

Küpsetusaeg: 2 tundi

Portsjonid: 4

Raskusaste: keskmine

Koostis:

- 1 purk (32 untsi) tükeldatud tomateid, nõrutatud
- ¼ tassi kuiva valget veini
- 2 spl tomatipüreed
- 3 spl ekstra neitsioliiviõli
- teelusikatäis punase pipra helbeid
- 1 tl jahvatatud piment
- ½ tl kuivatatud oreganot
- 2 tervet nelki
- 1 kaneelipulk
- ½ tl meresoola
- 1/8 tl värskelt jahvatatud musta pipart
- 4 kondita, nahata kana rinnapoolikut

Juhised:

Sega suures kastrulis tomatid, vein, tomatipasta, oliiviõli, punase pipra helbed, pipar, pune, nelk, kaneelipulk, meresool ja pipar. Kuumuta aeg-ajalt segades keemiseni. Hauta 30 minutit, aeg-ajalt segades. Eemaldage ja visake terve nelk ja kaneelipulk kastmest välja ning laske kastmel jahtuda.

Kuumuta ahi temperatuurini 350 ° F. Asetage kana 9 x 13-tollisse küpsetusnõusse. Vala kaste kana peale ja kata pann alumiiniumfooliumiga. Jätkake küpsetamist, kuni see jõuab sisetemperatuurini 165 ° F.

Toitumine (100 g kohta): 220 kalorit 3 g rasva 11 g süsivesikuid 8 g valku 923 mg naatriumi

Spinati ja fetajuustu täidisega kanarinnad

Valmistamisaeg: 10 minutit

Söögitegemise aeg: 45 minutit

Portsjonid: 4

Raskusaste: keskmine

Koostis:

- 2 spl ekstra neitsioliiviõli
- 1 kilo värsket spinatit
- 3 küüslauguküünt, hakitud
- 1 sidruni koor
- ½ tl meresoola
- 1/8 tl värskelt jahvatatud musta pipart
- ½ tassi murendatud fetajuustu
- 4 kondita, nahata kanarinda

Juhised:

Kuumuta ahi temperatuurini 350 ° F. Küpseta oliiviõli keskmisel kuumusel, kuni see särab. Lisa spinat. Jätkake küpsetamist ja segage, kuni see on pehme.

Sega juurde küüslauk, sidrunikoor, meresool ja pipar. Küpseta 30 sekundit, pidevalt segades. Jahuta veidi ja sega juurde juust.

Määri spinati-juustusegu ühtlase kihina kanatükkidele ning rulli rinnatükk täidise ümber. Kinnitage hambaorkide või lihuninööriga. Asetage rinnad 9 x 13-tollisse küpsetusnõusse ja küpsetage 30–40 minutit või kuni kana saavutab sisetemperatuuri 165 ° F. Võta ahjust välja ja tõsta 5 minutit enne viilutamist ja serveerimist kõrvale.

Toitumine (100 g kohta): 263 kalorit 3 g rasva 7 g süsivesikuid 17 g valku 639 mg naatriumi

Rosmariiniga küpsetatud kanakintsud

Valmistamisaeg: 5 minutit

Küpsetusaeg: 1 tund

Portsjonid: 6

Raskusaste: lihtne

Koostis:

- 2 spl hakitud värskeid rosmariini lehti
- 1 tl küüslaugupulbrit
- ½ tl meresoola
- 1/8 tl värskelt jahvatatud musta pipart
- 1 sidruni koor
- 12 kanakintsu

Juhised:

Kuumuta ahi temperatuurini 350 ° F. Sega rosmariin, küüslaugupulber, meresool, pipar ja sidrunikoor.

Asetage pulgakommid 9 x 13-tollisse ahjuvormi ja puistake üle rosmariini seguga. Küpseta, kuni kana saavutab sisetemperatuuri 165 ° F.

Toitumine (100 g kohta): 163 kalorit 1 g rasva 2 g süsivesikuid 26 g valku 633 mg naatriumi

Kana sibula, kartuli, viigimarja ja porgandiga

Valmistamisaeg: 5 minutit

Söögitegemise aeg: 45 minutit

Portsjonid: 4

Raskusaste: keskmine

Koostis:

- 2 dl sõrmkartuleid, poolitatud
- 4 värsket viigimarja, neljaks lõigatud
- 2 porgandit, riivitud
- 2 spl ekstra neitsioliiviõli
- 1 tl meresoola, jagatud
- ¼ tl värskelt jahvatatud musta pipart
- 4 neljandikku kanakintsudest
- 2 spl hakitud värskeid peterselli lehti

Juhised:

Kuumuta ahi temperatuurini 425 ° F. Viska väikeses kausis kartulid, viigimarjad ja porgandid oliiviõli, ½ tl meresoola ja pipraga. Laota 9 x 13-tollisse ahjuvormi.

Maitsesta kana ülejäänud meresoolaga. Asetage see köögiviljade peale. Küpseta, kuni köögiviljad on pehmed ja kana saavutab sisetemperatuuri 165 °F. Puista peale petersell ja serveeri.

Toitumine (100 g kohta): 429 kalorit 4 g rasva 27 g süsivesikuid 52 g valku 581 mg naatriumi

Kana güroskoop tzatzikiga

Valmistamisaeg: 15 minutit

Söögitegemise aeg: 1 tund ja 20 minutit

Portsjonid: 6

Raskusaste: keskmine

Koostis:

- 1 kilo hakitud kanarinda
- 1 riivitud sibul koos liigse veega välja pigistatud
- 2 spl kuivatatud rosmariini
- 1 spl kuivatatud majoraani
- 6 küüslauguküünt, hakitud
- ½ tl meresoola
- ¼ tl värskelt jahvatatud musta pipart
- Tzatziki kaste

Juhised:

Kuumuta ahi temperatuurini 350 ° F. Sega köögikombainis kana, sibul, rosmariin, majoraan, küüslauk, meresool ja pipar. Blenderda, kuni segu moodustab pasta. Teise võimalusena võite need koostisosad kausis segada, kuni need on hästi segunenud (vt valmistamisnõuandeid).

Suru segu leivavormi. Küpseta, kuni see saavutab 165 kraadi sisetemperatuuri. Eemaldage ahjust ja laske enne viilutamist 20 minutit puhata.

Viiluta gyro ja vala peale tzatziki kaste.

Toitumine (100 g kohta): 289 kalorit 1 g rasva 20 g süsivesikuid 50 g valku 622 mg naatriumi

Moussaka

Valmistamisaeg: 10 minutit

Söögitegemise aeg: 45 minutit

Portsjonid: 8

Raskusaste: raske

Koostis:

- 5 spl ekstra neitsioliiviõli, jagatud
- 1 baklažaan, viilutatud (koorimata)
- 1 sibul, hakitud
- 1 roheline paprika, puhastatud südamikust ja tükeldatud
- 1 nael jahvatatud kalkun
- 3 küüslauguküünt, hakitud
- 2 spl tomatipüreed
- 1 purk (14 untsi) tükeldatud tomateid, nõrutatud
- 1 spl itaalia maitseainet
- 2 tl Worcestershire'i kastet
- 1 tl kuivatatud pune
- ½ tl jahvatatud kaneeli
- 1 tass tavalist magustamata rasvavaba Kreeka jogurtit
- 1 lahtiklopitud muna
- ¼ tl värskelt jahvatatud musta pipart
- ¼ tl jahvatatud muskaatpähklit
- ¼ tassi riivitud parmesani
- 2 spl hakitud värskeid peterselli lehti

Juhised:

Kuumuta ahi temperatuurini 400 °F. Küpseta 3 supilusikatäit oliiviõli, kuni see särab. Lisa baklažaaniviilud ja prae 3–4 minutit mõlemalt poolt. Tõsta paberrätikutele nõrguma.

Tõsta pann tagasi tulele ja vala sisse ülejäänud 2 supilusikatäit oliiviõli. Lisa sibul ja roheline pipar. Jätkake küpsetamist, kuni köögiviljad on pehmed. Eemaldage pannilt ja asetage kõrvale.

Tõsta pann tulelt ja sega hulka kalkun. Küpseta lusikaga purustades umbes 5 minutit, kuni see on kuldpruun. Sega juurde küüslauk ja küpseta pidevalt segades 30 sekundit.

Sega hulka tomatipüree, tomatid, Itaalia maitseaine, Worcestershire'i kaste, pune ja kaneel. Pange sibul ja pipar tagasi praepannile. Keeda 5 minutit, sega. Sega jogurt, muna, paprika, muskaatpähkel ja juust.

Asetage pool lihasegust 9 x 13-tollisse ahjuvormi. Sega vaheldumisi poole baklažaaniga. Lisa ülejäänud lihasegu ja ülejäänud baklažaanid. Määri peale jogurtisegu. Küpseta kuldpruuniks. Kaunista peterselliga ja serveeri.

Toitumine (100 g kohta): 338 kalorit 5 g rasva 16 g süsivesikuid 28 g valku 569 mg naatriumi

Seafilee Dijoni ja peente ürtidega

Valmistamisaeg: 10 minutit
Söögitegemise aeg: 30 minutit

Portsjonid: 6

Raskusaste: keskmine

Koostis:

- ½ tassi värsket Itaalia peterselli, hakitud
- 3 spl värskeid rosmariini lehti, hakitud
- 3 spl värskeid tüümiani lehti, hakitud
- 3 spl Dijoni sinepit
- 1 spl ekstra neitsioliiviõli
- 4 küüslauguküünt, hakitud
- ½ tl meresoola
- ¼ tl värskelt jahvatatud musta pipart
- 1 sea sisefilee (1½ naela)

Juhised:

Kuumuta ahi temperatuurini 400 °F. Sega petersell, rosmariin, tüümian, sinep, oliiviõli, küüslauk, meresool ja pipar. Blenderda umbes 30 sekundit ühtlaseks massiks. Määri segu ühtlaselt sealihale ja aseta ääristatud ahjuplaadile.

Küpseta, kuni liha jõuab sisetemperatuurini 140 °F. Võta ahjust välja ja lase 10 minutit puhata enne viilutamist ja serveerimist.

Toitumine (100 g kohta): 393 kalorit 3 g rasva 5 g süsivesikuid 74 g valku 697 mg naatriumi

Steak punase veini ja seenekastmega

Ettevalmistusaeg: minutit pluss 8 tundi marineerimiseks
Söögitegemise aeg: 20 minutit
Portsjonid: 4
Raskusaste: raske

Koostis:

- <u>Marinaadi ja steigi jaoks</u>
- 1 dl kuiva punast veini
- 3 küüslauguküünt, hakitud
- 2 spl ekstra neitsioliiviõli
- 1 spl madala naatriumisisaldusega sojakastet
- 1 spl kuivatatud tüümiani
- 1 tl dijoni sinepit
- 2 spl ekstra neitsioliiviõli
- 1 kuni 1,5 naela seelikupraad, triikraud või kolme otsaga praad
- <u>Seenekastme jaoks</u>
- 2 spl ekstra neitsioliiviõli
- 1 nael cremini seeni, neljaks lõigatud
- ½ tl meresoola
- 1 tl kuivatatud tüümiani
- 1/8 tl värskelt jahvatatud musta pipart
- 2 küüslauguküünt, hakitud
- 1 dl kuiva punast veini

Juhised:

Marinaadi ja prae valmistamiseks

Sega väikeses kausis kokku vein, küüslauk, oliiviõli, sojakaste, tüümian ja sinep. Vala suletavasse kotti ja lisa praad. Asetage praad 4–8 tunniks marinaadiks külmkappi. Eemalda praad marinaadist ja kuivata paberrätikutega.

Kuumuta oliiviõli suurel pannil läikima.

Asetage praad ja küpseta umbes 4 minutit mõlemalt poolt, kuni see on mõlemalt poolt kenasti pruunistunud ja praad saavutab sisetemperatuuri 140 °F. Eemaldage praad pannilt ja asetage see fooliumiga kaetud taldrikule, et see seenekastme valmistamise ajal soojas hoida.

Kui seenekaste on valmis, lõigake praad üle tera ½ tolli paksusteks viiludeks.

Seenekastme valmistamiseks

Kuumutage õli samal praepannil keskmisel kuumusel. Lisa seened, meresool, tüümian ja pipar. Küpseta umbes 6 minutit, väga harva segades, kuni seened on kuldpruunid.

Prae küüslauk. Sega juurde vein ja kraapige puulusika küljega panni põhjast pruunistunud tükid üles. Küpseta, kuni vedelik on poole võrra vähenenud. Tõsta lusikaga seened steigi peale.

Toitumine (100 g kohta): 405 kalorit 5 g rasva 7 g süsivesikuid 33 g valku 842 mg naatriumi

Kreeka lihapallid

Valmistamisaeg: 20 minutit

Söögitegemise aeg: 25 minutit

Portsjonid: 4

Raskusaste: keskmine

Koostis:

- 2 viilu täisteraleiba
- 1¼ naela jahvatatud kalkun
- 1 muna
- tassi maitsestatud täistera riivsai
- 3 küüslauguküünt, hakitud
- ¼ punast sibulat, riivitud
- ¼ tassi hakitud värskeid Itaalia peterselli lehti
- 2 spl hakitud värskeid piparmündi lehti
- 2 spl hakitud värskeid pune lehti
- ½ tl meresoola
- ¼ tl värskelt jahvatatud musta pipart

Juhised:

Kuumuta ahi temperatuurini 350 ° F. Aseta ahjuplaadile küpsetuspaber või alumiiniumfoolium. Laske leib jooksva vee all leotada ja väänake üleliigne välja. Haki niiske leib väikesteks tükkideks ja aseta keskmisesse kaussi.

Lisa kalkun, munad, riivsai, küüslauk, punane sibul, petersell, piparmünt, pune, meresool ja pipar. Sega hästi. Vormi segust ¼ tassi pallid. Asetage lihapallid ettevalmistatud küpsetusplaadile ja küpsetage umbes 25 minutit või kuni sisetemperatuur jõuab 165 °F-ni.

Toitumine (100 g kohta): 350 kalorit 6 g rasva 10 g süsivesikuid 42 g valku 842 mg naatriumi

Lambaliha roheliste ubadega

Valmistamisaeg: 10 minutit

Küpsetusaeg: 1 tund

Portsjonid: 6

Raskusaste: raske

Koostis:

- ¼ tassi ekstra neitsioliiviõli, jagatud
- 6 rasvatustatud lambaliha
- 1 tl meresoola, jagatud
- ½ tl värskelt jahvatatud musta pipart
- 2 spl tomatipüreed
- 1½ dl sooja vett
- 1 nael rohelisi ube, lõigatud ja poolitatud risti
- 1 sibul, hakitud
- 2 tomatit, tükeldatud

Juhised:

Kuumuta 2 supilusikatäit oliiviõli suurel pannil läikima. Maitsesta lambalihakotletid ½ tl meresoola ja 1/8 tl pipraga. Küpseta lambaliha kuumas õlis mõlemalt poolt umbes 4 minutit, kuni see on mõlemalt poolt pruunistunud. Aseta liha taldrikule ja tõsta kõrvale.

Tõsta pann tagasi tulele ja lisa ülejäänud 2 supilusikatäit oliiviõli. Kuumuta, kuni see sädeleb.

Sulata tomatipüree kausis kuumas vees. Lisage see kuumale pannile koos roheliste ubade, sibula, tomatite ja ülejäänud ½ tl meresoola ja ¼ tl pipraga. Lase keema tõusta, kraapides lusika küljega panni põhjast üles pruunistunud tükid.

Tõsta lambalihakotletid tagasi praepannile. Kuumuta keemiseni ja reguleeri kuumus keskmisele-madalale. Hauta 45 minutit, kuni oad on pehmed, lisades vajadusel vett, et reguleerida kastme paksust.

Toitumine (100 g kohta): 439 kalorit 4 g rasva 10 g süsivesikuid 50 g valku 745 mg naatriumi

Kana tomati-balsamico kastmega

Valmistamisaeg: 10 minutit

Söögitegemise aeg: 20 minutit

Portsjonid: 4

Raskusaste: keskmine

Koostisained

- 2 (8 untsi/226,7 g) kondita ja nahata kanarinda
- ½ tl. sool-
- ½ tl. jahvatatud pipar
- 3 supilusikatäit. ekstra neitsioliiviõli
- ½ tl. poolitatud kirsstomatid
- 2 supilusikatäit. viilutatud šalottsibul
- vastu. palsamiäädikas
- 1 supilusikatäis. hakitud küüslauk
- 1 supilusikatäis. röstitud apteegitilli seemned, purustatud
- 1 supilusikatäis. Või

Juhised:

Lõika kanarinnad neljaks tükiks ja tambi haamriga, kuni need on ¼ tolli paksused. Kasutage kana katmiseks ¼ tl pipart ja soola. Kuumuta pannil kaks supilusikatäit õli ja hoia kuumust keskmisel tasemel. Küpseta kanarinda mõlemalt poolt kolm minutit. Tõsta serveerimistaldrikule ja kata soojas hoidmiseks fooliumiga.

Lisa pannile supilusikatäis õli, šalottsibul ja tomatid ning küpseta pehmeks. Lisa äädikas ja keeda segu, kuni äädikas on poole võrra vähenenud. Lisa apteegitilli seemned, küüslauk, sool ja pipar ning küpseta umbes neli minutit. Eemaldage see tulelt ja segage see võiga. Vala see kaste kanale ja serveeri.

Toitumine (100 g kohta): 294 kalorit 17 g rasva 10 g süsivesikuid 2 g valku 639 mg naatriumi

Salat pruuni riisi, fetajuustu, värskete herneste ja piparmündiga

Valmistamisaeg: 10 minutit

Söögitegemise aeg: 25 minutit

Portsjonid: 4

Raskusaste: lihtne

Koostis:

- 2 voodit. pruun riis
- 3 voodit. vesi
- soola
- 5 untsi või 141,7 g purustatud fetajuustu
- 2 voodit. keedetud herned
- ½ tl. hakitud piparmünt, värske
- 2 supilusikatäit. oliiviõli
- Sool ja pipar

Juhised:

Aseta pruun riis, vesi ja sool kastrulisse keskmisel kuumusel, kata kaanega ja kuumuta keemiseni. Alanda kuumust ja keeda, kuni vesi on lahustunud ja riis on pehme, kuid kohev. Lase täielikult jahtuda

Lisa jahtunud riisiga kaussi fetajuust, herned, piparmünt, oliiviõli, sool ja pipar ning sega läbi. Serveeri ja naudi!

Toitumine (100 g kohta): 613 kalorit 18,2 g rasva 45 g süsivesikuid 12 g valku 755 mg naatriumi

Oliivide ja kikerhernestega täidetud täistera pita leib

Valmistamisaeg: 10 minutit

Söögitegemise aeg: 20 minutit

Portsjonid: 2

Raskusaste: keskmine

Koostis:

- 2 taskut täistera pitat
- 2 supilusikatäit. oliiviõli
- 2 küüslauguküünt, hakitud
- 1 sibul, hakitud
- ½ tl. köömned
- 10 musta oliivi, tükeldatud
- 2 voodit. keedetud kikerherned
- Sool ja pipar

Juhised:

Ava pita leivad ja pane kõrvale. Seadke kuumus keskmisele tasemele ja asetage kastrul kohale. Lisa oliiviõli ja kuumuta. Sega kuumal pannil küüslauk, sibul ja köömned ning sega, kuni sibul pehmeneb ja köömned lõhnavad Lisa oliivid, kikerherned, sool ja pipar ning sega, kuni kikerherned muutuvad kuldseks

Tõsta pann tulelt ja hõõru puulusikaga kikerherned jämedalt pudruks, nii et osad oleksid terved ja osad purustatud. Kuumuta oma pita leivataskud mikrolaineahjus, ahjus või pliidil puhtal praepannil

Täida need oma kikerherneseguga ja naudi!

Toitumine (100 g kohta): 503 kalorit 19 g rasva 14 g süsivesikuid 15,7 g valku 798 mg naatriumi

Röstitud porgand kreeka pähklite ja cannellini ubadega

Valmistamisaeg: 10 minutit

Söögitegemise aeg: 45 minutit

Portsjonid: 4

Raskusaste: keskmine

Koostis:

- 4 kooritud porgandit, tükeldatud
- 1 tk. pähkel
- 1 supilusikatäis. kallis
- 2 supilusikatäit. oliiviõli
- 2 voodit. cannellini oad, nõrutatud
- 1 oksake värsket tüümiani
- Sool ja pipar

Juhised:

Seadke ahi temperatuurini 400 F/204 C ja vooderdage küpsetusplaat või küpsetuspann küpsetuspaberiga. Aseta porgandid ja kreeka pähklid ahjuplaadile või paberiga vooderdatud. Nirista porganditele ja kreeka pähklitele oliiviõli ja mett ning hõõru kõik kokku, et iga tükk oleks kaetud.

Lisa tüümian ning puista üle soola ja pipraga. Pange plaat ahju ja küpsetage umbes 40 minutit.

Serveeri ja naudi

Toitumine (100 g kohta): 385 kalorit 27 g rasva 6 g süsivesikuid 18 g valku 859 mg naatriumi

Maitsestatud võikana

Valmistamisaeg: 10 minutit

Söögitegemise aeg: 25 minutit

Portsjonid: 4

Raskusaste: keskmine

Koostis:

- ½ tl. Raske vahukoor
- 1 supilusikatäis. soola
- ½ tl. luu puljong
- 1 supilusikatäis. Pipar
- 4 spl. Või
- 4 poolikut kanarinda

Juhised:

Aseta ahjuvorm keskmisele kuumusele ja lisa supilusikatäis võid. Kui või on kuum ja sulanud, lisa kana ja küpseta viis minutit mõlemalt poolt. Selle aja lõpuks peaks kana olema hästi küpsetatud ja kuldpruun; kui jah, siis pane taldrikule.

Järgmisena lisa kuumale pannile kondipuljong. Lisa tugev vahukoor, sool ja pipar. Seejärel jätke pann rahule, kuni kaste hakkab podisema. Laske sellel protsessil jätkata viis minutit, et kaste paksendada.

Lõpuks lisa pannile ülejäänud või ja kana. Kasutage kastme lusikaga kanale kindlasti lusikaga ja lämmatage see täielikult. Serveerima

Toitumine (100 g kohta): 350 kalorit 25 g rasva 10 g süsivesikuid 25 g valku 869 mg naatriumi

Kahekordne juustupeekoni kana

Valmistamisaeg: 10 minutit
Söögitegemise aeg: 30 minutit
Portsjonid: 4
Raskusaste: lihtne

Koostis:

- 4 untsi või 113 g. Kodujuust
- 1 tk. cheddari juust
- 8 viilu peekonit
- Meresool
- Pipar
- 2 küüslauguküünt, peeneks hakitud
- Kana rinnatükk
- 1 supilusikatäis. Peekonirasv või või

Juhised:

Kuumuta ahi temperatuurini 400 F/204 C Lõika kana rinnad pooleks, et need oleksid õhukesed

Maitsesta soola, pipra ja küüslauguga Määri ahjuvorm võiga ja aseta sinna kanarinnad. Lisa rindadele toorjuust ja cheddar

Pane sisse ka peekoniviilud Pane vorm 30 minutiks ahju Serveeri soojalt

Toitumine (100 g kohta): 610 kalorit 32 g rasva 3 g süsivesikuid 38 g valku 759 mg naatriumi

Sidrunipipra krevetid

Valmistamisaeg: 10 minutit
Söögitegemise aeg: 10 minutit
Portsjonid: 4
Raskusaste: lihtne

Koostis:

- 40 kooritud krevetti
- 6 hakitud küüslauguküünt
- Sool ja must pipar
- 3 supilusikatäit. oliiviõli
- vastu. magus paprika
- Näputäis purustatud punase pipra helbeid
- vastu. Riivitud sidrunikoor
- 3 supilusikatäit. Sherry või muu vein
- 1½ spl. viilutatud murulauk
- 1 sidruni mahl

Juhised:

Seadke kuumus keskmisele kõrgele ja asetage pann oma kohale.

Lisa õli ja krevetid, puista peale pipart ja soola ning küpseta 1 minut Lisa paprika, küüslauk ja tšillihelbed, sega ja küpseta 1 minut. Sega õrnalt juurde šerri ja küpseta veel minut

Tõsta krevetid tulelt, lisa murulauk ja sidrunikoor, sega ning tõsta krevetid taldrikutele. Lisa sidrunimahl üle ja serveeri

Toitumine (100 g kohta): 140 kalorit 1 g rasva 5 g süsivesikuid 18 g valku 694 mg naatriumi

Paneeritud ja vürtsikas hiidlest

Valmistamisaeg: 5 minutit

Söögitegemise aeg: 25 minutit

Portsjonid: 4

Raskusaste: lihtne

Koostis:

- vastu. hakitud värsket murulauku
- vastu. hakitud värsket tilli
- vastu. jahvatatud musta pipart
- vastu. panko riivsai
- 1 supilusikatäis. ekstra neitsioliiviõli
- 1 C. peeneks riivitud sidrunikoor
- 1 C. meresool
- 1/3 tl. hakitud värske petersell
- 4 hiidlesta fileed (igaüks 6 untsi/170 g)

Juhised:

Sega keskmises kausis oliivili ja ülejäänud koostisosad, välja arvatud paltusfileed ja riivsai

Lisa segule hiidlestafileed ja marineeri 30 minutit. Kuumuta ahi temperatuurini 400 F/204 C Aseta alumiiniumfoolium ahjuplaadile, määri küpsetusspreiga. Kasta fileed riivsaiasse ja aseta ahjuplaadile. Küpseta 20 minutit Serveeri soojalt

Toitumine (100 g kohta): 667 kalorit 24,5 g rasva 2 g süsivesikuid 54,8 g valku 756 mg naatriumi

Lõhekarri sinepiga

Valmistamisaeg: 10 minutit

Söögitegemise aeg: 20 minutit

Portsjonid: 4

Raskusaste: lihtne

Koostis:

- vastu. jahvatatud punane pipar või tšillipulber
- vastu. Kurkum, jahvatatud
- vastu. sool-
- 1 C. mesi
- vastu. küüslaugupulber
- 2 teelusikatäit. täistera sinep
- 4 lõhefileed (igaüks 6 untsi/170 g)

Juhised:

Sega kausis sinep ja ülejäänud koostisosad peale lõhe. Kuumuta ahi temperatuurini 350 F/176 C. Määri küpsetusvorm küpsetuspritsiga. Aseta lõhe ahjuplaadile, nahk allapoole, ja määri sinepiseguga ühtlaselt fileedele. Asetage ahju ja küpsetage 10-15 minutit või kuni helbed.

Toitumine (100 g kohta): 324 kalorit 18,9 g rasva 1,3 g süsivesikuid 34 g valku 593 mg naatriumi

Kreeka pähkli ja rosmariiniga kooritud lõhe

Valmistamisaeg: 10 minutit

Söögitegemise aeg: 25 minutit

Portsjonid: 4

Raskusaste: keskmine

Koostis:

- 1 nael või 450 g külmutatud nahata lõhefilee
- 2 teelusikatäit. Dijoni sinep
- 1 küüslauguküüs, peeneks hakitud
- vastu. sidrunikoor
- ½ tl. kallis
- ½ tl. koššersool
- 1 C. värskelt hakitud rosmariin
- 3 supilusikatäit. panko riivsai
- vastu. pulbristatud punane pipar
- 3 supilusikatäit. purustatud pähklid
- 2 supilusikatäit. ekstra neitsioliiviõli

Juhised:

Kuumuta ahi temperatuurini 420 F/215 C ja kasuta ääristatud küpsetusplaadi vooderdamiseks küpsetuspaberit. Sega kausis sinep, sidrunikoor, küüslauk, sidrunimahl, mesi, rosmariin, purustatud punane pipar ja sool. Sega teises kausis kreeka pähklid, panko ja 1 tl õli. Aseta ahjuplaadile küpsetuspaber ja aseta sellele lõhe.

Määri sinepisegu kalale ja pane peale panko segu. Piserdage järelejäänud oliiviõli kergelt lõhele. Küpseta umbes 10-12 minutit või kuni lõhe kahvliga lahti lööb. Serveeri kuumalt

Toitumine (100 g kohta): 222 kalorit 12 g rasva 4 g süsivesikuid 0,8 g valku 812 mg naatriumi

Kiired tomatispagetid

Valmistamisaeg: 10 minutit

Söögitegemise aeg: 25 minutit

Portsjonid: 4

Raskusaste: keskmine

Koostis:

- 8 untsi ehk 226,7 g spagette
- 3 supilusikatäit. oliiviõli
- 4 küüslauguküünt, viilutatud
- 1 jalapeno, viilutatud
- 2 voodit. kirsstomatid
- Sool ja pipar
- 1 C. palsamiäädikas
- ½ tl. Riivitud Parmesan

Juhised:

Kuumuta suures potis vett keskmisel kuumusel keema. Lisa näpuotsaga soola ja kuumuta keemiseni, seejärel lisa spagetid. Küpseta 8 minutit. Pasta küpsemise ajal kuumuta pannil õli ning lisa küüslauk ja jalapeño pipar. Küpseta veel minut ja seejärel sega hulka tomatid, pipar ja sool.

Küpseta 5–7 minutit, kuni tomatite koor praguneb.

Lisa äädikas ja tõsta tulelt. Nõruta spagetid hästi ja sega tomatikastmega. Puista peale juust ja serveeri kohe.

Toitumine (100 g kohta): 298 kalorit 13,5 g rasva 10,5 g süsivesikuid 8 g valku 749 mg naatriumi

Küpsetatud juust tšilli ja oreganoga

Valmistamisaeg: 10 minutit

Söögitegemise aeg: 25 minutit

Portsjonid: 4

Raskusaste: lihtne

Koostis:

- 8 untsi või 226,7 g fetajuustu
- 4 untsi või 113 g murendatud mozzarellat
- 1 viilutatud tšilli
- 1 C. kuivatatud pune
- 2 supilusikatäit. oliiviõli

Juhised:

Asetage fetajuust väikesesse sügavasse ahjuvormi. Tõsta peale mozzarella ning maitsesta seejärel pipra- ja puneviiludega. katke pann kaanega. Küpseta eelkuumutatud 350 F/176 C ahjus 20 minutit. Serveeri juustu ja naudi.

Toitumine (100 g kohta): 292 kalorit 24,2 g rasva 5,7 g süsivesikuid 2 g valku 733 mg naatriumi

311. Krõbe Itaalia kana

Valmistamisaeg: 10 minutit

Söögitegemise aeg: 30 minutit

Portsjonid: 4

Raskusaste: lihtne

Koostis:

- 4 kana reied
- 1 C. kuivatatud basiilik
- 1 C. kuivatatud pune
- Sool ja pipar
- 3 supilusikatäit. oliivõli
- 1 supilusikatäis. palsamiäädikas

Juhised:

Maitsesta kana hästi basiiliku ja punega. Lisa pannil õli ja kuumuta. Lisa kana kuumale õlile. Prae mõlemalt poolt 5 minutit kuldpruuniks, seejärel kata pann kaanega.

Keera kuumus keskmisele ja küpseta 10 minutit ühelt poolt, seejärel keera kana paar korda ja küpseta veel 10 minutit, kuni see muutub krõbedaks. Serveeri kana ja naudi.

Toitumine (100 g kohta): 262 kalorit 13,9 g rasva 11 g süsivesikuid 32,6 g valku 693 mg naatriumi

Paella köögiviljadega

Valmistamisaeg: 25 minutit

Söögitegemise aeg: 45 minutit

Portsjonid: 6

Raskusaste: keskmine

Koostis:

- ¼ tassi oliiviõli
- 1 suur magus sibul
- 1 suur punane paprika
- 1 suur roheline paprika
- 3 küüslauguküünt, peeneks hakitud
- 1 tl suitsutatud paprikat
- 5 kiudu safranit
- 1 suvikõrvits, lõigatud ½ tolli kuubikuteks
- 4 suurt küpset tomatit, kooritud, puhastatud südamikust ja tükeldatud
- 1½ dl lühikeseteralist Hispaania riisi
- 3 dl köögiviljapuljongit, kuumutatud

Juhised:

Kuumuta ahi temperatuurini 350 ° F. Kuumuta oliiviõli keskmisel kuumusel. Sega juurde sibul ning punane ja roheline pipar ning küpseta 10 minutit.

Sega hulka küüslauk, paprika, safranniidid, suvikõrvits ja tomatid. Alanda kuumust keskmisele madalale ja küpseta 10 minutit.

Sega juurde riis ja köögiviljapuljong. Tõsta kuumust, et paella keeks. Keera kuumus keskmisele madalale ja küpseta 15 minutit. Mähi vorm alumiiniumfooliumi sisse ja pane ahju.

Küpseta 10 minutit või kuni puljong on imendunud.

Toitumine (100 g kohta): 288 kalorit 10 g rasva 46 g süsivesikuid 3 g valku 671 mg naatriumi

www.ingramcontent.com/pod-product-compliance
Lightning Source LLC
Chambersburg PA
CBHW071433080526
44587CB00014B/1829